KB234403

단기금융시장의 새로운 패러다임

전자단기사채제도의 이해

전자단기사채제도의 이해

허항진 지음

KSi 한국학술정보㈜

머리말

기업어음(CP: Commercial Paper)은 간편한 발행절차와 신속성, 광범위한 투자수요와 익명성 등의 여러 이점으로 인하여 그동안 단기금융시장에서 기업의 중요한 자금조달수단으로 활용되어 왔다. 그런데 현행 기업어음은 어음법상 약속어음으로서 실물발행이 강제되고 분할유통이 불가능하여, 기업어음 유통시장의 발전과 발행정보의 투명성제고에는 일정한 한계가 있다.

이에 기업어음의 단기 자금조달이라는 경제적 목적은 그대로 유지하면서도 현재 기업어음이 갖고 있는 문제점을 보완하기 위한 방안을 모색되기 시작하였다. 그 결과로 정부는 우리와 법제가 유사한 일본이 2002년 4월부터 도입시행 중인 단기사채제도를 벤치마킹하여 발행·유통·상환 등의 전 과정이 전자적으로 처리되고, 발행 및 유통정보 등을 일원화할 수 있는 전자단기사채제도의 도입을 추진하였다.

그리고 마침내 이러한 내용을 담고 있는 '전자단기사채 등의 발행 및 유통에 관한 법률'(이하 '전자단기사채법'이라 한다)이 2011년 6월 23일 국회에서 통과되었으며, 동년 7월 14일에 법률 제10855호로 공포됨으로써 기나긴 입법절차가 완료되었다. 이에 따라 전자단기사채제도는 이 법률에 따라 공포일로부터 1년 6개월이 경과한 2013년 1월 15일부터 본격 시행될 예정이다.

전자단기사채제도가 본격 시행되면 기업금융시장의 균형적인 발전과 단기자금시장의 활성화 및 투명성을 제고할 수 있을 것이다. 또한, 전자단기사채제도의 도입은 오랫동안 기업들의 중요한 단기자금 조달수단이었던 기업어음이 서서히 무대에서 퇴장하는 결과를 가져올 것이며, 단기금융시장에도 커다란 변혁을 초래할 것으로 보인다. 특히, 2014년부터 제2금융권의 콜시장 참여가 전면 제한될 예정이어서 콜머니 차입을 통한 제2금융권의 자금조달방식이 전자단기사채 등의 발행으로 급격히 이동할 것으로 전망된다.

이렇듯 전자단기사채제도는 단기금융시장에 매우 큰 변화를 가져오게 된다. 그런데 전자단기사채제도는 기존 제도와는 상당히 상이하고 제도의 특성상 기술적인 요소를 많이 내포하고 있다. 이에 따라 전자단기사채제도의 시행에 따른 가장 큰 이해당사자인 발행회사나 금융기관, 투자자 등이 이 제도를 정확히 이해하는 것은 결코 용이하지 않은 것이 사실이다.

이 점을 감안하여 본서는 발행회사나 시장참가자, 학계나 연구기관들이 전자단기사채제도를 쉽게 이해할 수 있도록 하는 데 중점을 두어 기술하였다. 제1장에서는 현행 기업어음제도의 현황 및 문제점을 살펴보고 그 대안으로 제시되고 있는 전자단기사채제도를 간략히 소개하였다. 제2장에서는 주요 금융선진국의 기업어음시장 현황을 기술하여 우리의 기업어음시장과 간접 비교할 수 있도록 하였다. 제3장에서는 전자단기사채법을 조문별로 해설하여 전자단기사채제도를 이론적인 관점에서 조망할 수 있도록 하였다. 제4장에서는 전자단기사채의 발행부터 상환까지의 절차를 기술하여 실무적 이해도를 높이고자 하였다. 제5장에서는 전자단기사채제도와 관련하여 제기될 수 있는 제반사항들을 **Q&A** 형식으로 기술하여 제도에 대한 이해의 편의를 제고하고자 하였다.

한편, 본서가 세상의 빛을 보기까지는 많은 지인들의 도움이 있었다. 특히, 본서를 발간함에 있어서는 전자단기사채제도에 대해 해박한 지식을 가지고 있는 한국예탁결제원의 박동민 파트장, 법과 실무에 정통한 강승철 파트장, 박종진 파트장, 주정돈 과장 등의 도움이 매우 컸다. 이분들에게 이 지면의 힘을 빌려 다시 한번 감사의 말씀을 전하는 바이다.

모쪼록, 본서가 단기금융시장의 참가자와 이해관계자, 학계 및 연구기관들에 전자단기사채제도를 이해하는 데 도움을 주고, 나아가 우리나라의 단기금융시장이 선진시장으로 도약하는 데 조금이라도 보탬이 되었으면 한다.

허항진

CONTENTS

제4장 전자단기사채제도의 운용구조 ··· 171

제5장 전자단기사채제도관련 Q&A ··· 185

제1장 기업어음제도와 전자단기사채제도

제1절 단기금융시장과 기업어음(CP)

Ⅰ. 단기금융시장의 의의 및 기능

단기금융시장이란 기업·금융기관·정부 등 경제주체들이 단기적인 자금의 과부족을 조절하고 유동성을 관리하기 위하여 보통 만기 1년 이내의 단기금융상품을 거래하는 시장을 말한다. 단기금융시장에서 거래되는 대표적인 금융상품으로는 콜(call),[1] 기업어음(CP: Commercial Paper), 양도성예금증서(CD: Certificate of Deposit),[2] 환매조건부채권 (RP: Repurchase Agreements),[3] 통화안정증권(monetary stabilization bond) 등이 있다. 단기금융시장에서는 주로 신용도가 우수한 상품들이 거래되고 있다. 그러나 이러한 단기금융상품들은 신용위기 시에는 민감하게 반응하는 특징을 가지고 있다.

【표 1-1 우리나라 단기금융시장 규모】

(2010년 12월 말 기준)

구분	기업어음	Call	CD	RP	통안증권	표지어음	계
잔액(조원)	73.4	48.3	44.5	86.8	18.8	1.6	273.9
점유율(%)	26.8	17.3	16.2	31.7	6.9	0.6	100

자료출처: 한국은행 자금순환표

---

1) 금융기관 상호 간에 일시적 자금부족 조정을 위하여 초단기 자금을 차입 또는 대여하는 시장을 말한다. 우리나라에서는 상업은행뿐만 아니라 금융투자회사, 자산운용회사, 보험회사 등 비 은행 금융기관에 이르기까지 그 참가자가 다양하다.
2) 일반은행의 단기자금조달수단으로서 정기예금에 양도성을 부여한 것을 말한다.
3) 금융기관이 일정 기간 이후에 정해진 가격으로 환매하는 조건으로 이루어지는 금전대차거래를 말한다.

단기금융상품들은 듀레이션(duration)이 짧아 가격변동리스크와 신용리스크가 낮기 때문에 투자자들에게 상대적으로 안정적인 투자수단을 제공하게 된다. 또한, 단기금융상품은 만기가 짧고 유통시장이 비교적 잘 발달되어 있어 유동성리스크도 낮다. 그 결과 단기금융시장이 효율적으로 운영되는 경우 경제주체의 입장에서는 금융자산의 위험을 보다 잘 관리할 수 있고, 현금보유에 따른 기회비용도 절감할 수 있는 이점이 있다. 그 외에 단기금융시장은 중앙은행의 통화정책과도 밀접한 관련이 있다. 중앙은행은 통상 상업은행의 지준거래시장의 금리를 정책목표로 삼아 이를 조정하여 통화정책을 수행하게 된다. 그리고 이러한 기준금리조정은 단기금융시장의 금리를 변화시키고 나아가 금융시장과 거시경제지표에도 영향을 미치게 된다.

【표 1-2. 단기금융상품시장의 비교】

구분	Call시장	RP시장	CD시장	CP시장	한국은행 RP시장
도입시기	1960년 7월	1977년 2월	1974년 5월	1972년 8월	1969년 2월
규모 (단위:10억) (2009.6/비율)	19,171.4 (5.9%) (일평균 거래액)	74,644.1 (22.7%) (매도잔액)	117,142.4 (35.7%) (기말잔액)	83,664.1 (25.5%) (자금순환표)	–
특징	금융기관 간 자금조절	금융기관 간 자금조절, 금융기관의 단기자금 조달	은행 간 자금조절, 은행의 단기자금 조달	기업의 단기자금 조달	시중 유동성 조절
법적 성격	금전소비 대차	채권매매	소비임치 및 유가증권	약속어음	채권매매

참가기관	자금조달 (발행기관)		금융기관: 콜시장	예금은행	우량, 적격기업	한국은행으 거래대상으르 지정된 은행, 증권 증권금융
참가기관	자금운영 (매입기관)	은행, 은행신트, 증권, 자산운용, 보험 등	계좌관리 기관, 금융공기업 대고객: 은행, 증권, 증권금융, 채신관서	은행 간: 은행 대고객: 금융기관, 법인, 개인	금융기관 법인 개인	
참가기관	증개기관	지금중개	지금중개, 증권	증권, 종합금융, 지금중개	증권, 종합금융	
만기		최장 90일 이내	자유화	30일 이상	자유화	최장 91일 이내
최저발행 (거래금액)		·억 원 (증개 거래 시	체신관서:5만 원 기타: 제한없음	제한없음	증권:1억 원 기타:제한 없음	최저입찰 금액 100억 원
이자지급방식		만기일시 지급	만기일시 지급	할인방식 선지급	할인방식 선지급	만기 일시 지급
중도환매		–	제한없음	금지	제한 없음	금지
원천징수 여부		원천징수 면제	원천징수 면제	원천징수 실시	제출 (공모 시)	해당 사항 없음
증권신고서 제출		해당 사항 없음	해당 사항 없음	해당 사항 없음	제출 (공모 시)	해당 사항 없음

Ⅱ. 기업어음(CP)의 의의 및 발행 · 상환 메커니즘

1. 기업어음의 의의

기업어음(CP: Commercial Paper)은 통상 신용상태가 양호한 기업이 상거래와 상관없이 운전자금 등 단기자금을 조달하기 위하여 기업이 자기신용을 바탕으로 발행하는 만기 1년 이내의 융통(融通)어음(Accommodation Bill)을 말한다.4) 이러한 기업어음은 상거래에 수반되어 발행되는 상업어음(Commercial Bill) 내지 진성(眞性)어음과는 구분된다. 1972년에 도입된 기업어음은 어음법상으로는 약속어음에 해당한다. 그러나 자본시장법에서는 증권으로 분류되고 있기 때문에 법상 이중적 지위를 가지고 있다. 기업어음을 발행하는 기업은 거래은행으로부터 지급지를 명시한 어음용지를 교부받아 발행하고 은행의 당좌예금계정을 통하여 결제하게 된다. 기업어음은 주식이나 채권과 달리 그 발행에 있어 ① 이사회의결, ② 발행기업 등록, ③ 증권신고서 제출(공모는 제외) 등의 절차 없이 간편하게 발행할 수 있으며 발행공시의무도 면제된다.

이처럼 간편한 발행절차, 무담보 신용발행, 기업대출보다 낮은 조달금리 등의 사유로 인하여 그동안 기업어음은 기업들의 유용한 자금조달수단으로 활용되어 왔다. 또한, 금융기관들에게는 기업어음의 할인 및 매매를 통한 차익 실현 등 단기자금운용수단을 제공하여 왔다. 기업어음은 발행단위가 거액이고 대부분 무담보매출이기 때문에 투자자는 신용리스크를 부담하여야 한다. 이에 따라 투자자의 대부분은 기관투자자들인데, 이들 기관투자자들은 기업어음을 단기운용펀드에 편입하여 일반에게 간접매출을 한다.

기업어음시장은 그 특성상 시장 내 단기유동성의 정도에 따라 수급의 변동성이 심하다. 특히, 기업어음 발행규모가 큰 기업이 부실화될 경우에는 발행 및 유통시장이 급격히 위축되고 금융시장의 불안을 초래하는 등 금융시장에 미치는 영향력이 막대하다. 반면, 기업어

---

4) 그러나 2009년 2월 4일부터 시행되고 있는 자본시장과 금융투자업에 관한 법률 (이하 '자본시장법')에서 기업어음의 만기를 폐지하면서 만기 1년 이상의 기업어음발행도 가능하게 되었다.

음은 급격한 경기침체나 금융시장의 충격으로 인한 신용경색(credit crunch) 상황에서는 짧은 만기에서 비롯되는 차환위험(refinancing risk) 에도 불구하고 기업의 단기유동성 보강수단으로 긴요하게 이용되기도 한다.5)

2. 기업어음의 발행 · 매출, 상환구조

기업어음의 발행회사에 대한 법적 제한은 없다. 주요 발행회사로는 상장법인, 정부투자기관, 유동화전문회사인 특수목적회사(SPC) 등이 있다. 기업어음의 할인업무는 수신기능이 있는 은행계열 종합금융회사가 주로 수행(약 95%)하고 있으며, 증권회사는 주로 매출기관의 역할을 담당하고 있다.

기업어음은 전량 실물로 발행되기 때문에 물리적인 실물인수도 과정이 개입되게 된다. 원리금의 상환은 금융결제원(어음교환소)의 교환청구시스템에 의한 어음교환차액결제를 통하여 이루어진다.6) 이 경

【그림 1-1. 기업어음의 발행 · 매출메커니즘】

---

5) 그 대표적인 사례로 2008년 9월 14일 미국투자은행인 리먼브라더스가 뉴욕지방법원에 파산보호를 신청한 이후 국내금융시장이 거의 마비상태에 이르렀을 당시 기업어음이 국내기업의 급박한 자금 수요해결에 크게 기여한 것을 들 수 있다.

6) 어음 등을 지급처에 직접 제시하지 않고, 어음교환소(금융결제원)에 집중시켜 차액결제방식으로 최종적인 상환액을 결정 · 상환하는 방식을 취하고 있다.

【그림 1-2. 기업어음의 상환메커니즘】

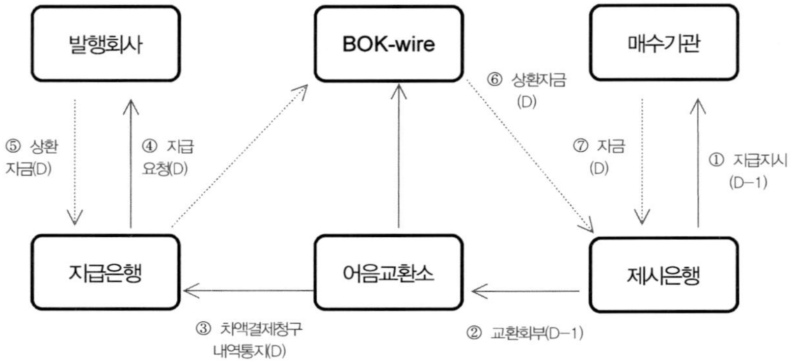

우 상환일 전일 지급제시된 기업어음에 한하여 상환이 이루어지게 진다. 그리고 원리금지급은 상환일 14시 30분 이후에 이루어지기 때문에 투자자가 상환자금을 당일에 운용하는 데에는 상당한 제약요인이 존재한다.

제2절 우리나라 기업어음시장의 현황 및 과제

Ⅰ. 우리나라 기업어음시장의 현황

1. 기업어음시장의 연혁

우리나라에서는 1972년 8월 사채자금의 제도금융권으로의 흡수를 위한 8. 8 긴급경제조치와 1972년 9월 제정된 단기금융업법에 따라 기업어음제도가 도입되었다. 그 이후 투자금융회사가 기업어음업무를 취급하기 시작하였으며, 1975년 12월에는 기업어음취급기관이 종합금융회사로 확대되었다. 1981년 6월에는 발행금리가 자유화된 신종기업어음이 도입되었으며, 1984년 4월에는 동 어음의 취급기관을 증권회사로 확대하였다. 그리고 1988년 12월에는 신종기업어음제도가 폐지되면서 증권회사의 기업어음취급인가도 취소되었으며, 그 대신에 거액기업어음제도가 도입되었다.[7]

그 이후 1991년 11월 기업어음에 대한 발행금리의 자유화 조치로 기업어음이 기업 단기자금조달의 중요한 수단으로 자리 잡기 시작하였다. 1994년 7월에는 금리자유화와 연계하여 기업어음의 최단만기를 단축하고 최소액면금액을 인하하였다. 그리고 1997년 7월 금리자유화 조치 시에는 일반기업어음의 만기와 금리에 대한 제한을 완전히 철폐하였다. 그 결과 거액기업어음과 일반기업어음의 구분이 사라졌으며, 舊증권거래법상의 유가증권에 기업어음이 포함되게 되었다.

1997년 외환위기로 인한 부실종합금융회사의 퇴출로 기업어음의 할인기반이 급격하게 위축되었다. 이에 정부는 1997년 8월 증권회사에 대해서도 기업어음의 취급을 허용하였다. 또한, 정부는 1997년 12월 은행신탁계정 및 지방은행에 대하여 할인업무를 허용하였다. 그리고 1998년에는 여신금융전문회사(1월), 모든 은행 및 투자신탁회사(2월), 보험사(6월)에 대해서도 할인업무를 취급할 수 있도록 함으로써 현재의 기업어음시장의 형태가 갖추어지게 되었다.

2004년 3월에는 전자적 방식으로 약속어음을 발행할 수 있는 「전

---

7) 무담보부 기업어음 중 금액 3천만 원 이상, 만기 91일 이상을 거액기업어음으로 분류하였다.

자어음의 발행 및 유통에 관한 법률(이하 '전자어음법'이라 한다)」이 제정되었다. 그리고 2005년 12월에는 증권회사에 대한 신탁업의 겸영을 허용하여 증권회사가 신탁계정상 기업어음할인업무를 취급할 수 있도록 허용하였다. 특히, 2009년 2월 4일 자로 시행되고 있는 자본시장법에서는 발행자·신용평가등급·만기·최저액면금액에 제한을 두고 있던 舊 증권거래법8)과는 달리 발행자 요건, 발행단위 및 만기, 최저신용등급 등에 대한 규제를 폐지하여 기업어음에 대한 발행규제를 대폭 완화하였다.9) 또한, 2009년 5월 8일에는「주식회사의 외부감사에 관한 법률」제2조 및 동법 시행령 제2조에 따른 외부감사대상 주식회사가 약속어음을 발행할 경우에는 전자어음으로 발행하도록 의무화하는 내용의 전자어음법 개정이 이루어졌다.10)

【표 1-3. 기업어음제도의 주요변천과정】

구 분	주 요 내 용
1972. 9	단기금융업법 제정(투자금융회사의 기업어음업무 취급개시)
1975. 12	종금업법 제정(기업어음업무취급기관을 종금사로 확대)
1981. 6	신종기업어음제도 도입('84년에는 증권회사에도 취급허용)
1988. 12	신종기업어음제도 폐지(증권사 취급인가 취소) 및 거액기업어음제도 도입
1994. 7	금리자유화와 연계하여 최단만기 단축 및 최소액면금액 인하 ('94–'96년) 지방투자금융회사들이 종금사로 전환하여 기업어음을 주로 취급
1997. 7	기업어음종류단일화, 만기 및 최소액면금액 폐지, 증권거래법상 유가증권에 기업어음포함

---

8) (舊)재정경제부 공시 제2001-20호((舊)증권거래법 제2조의 3 제4호의 규정에 의거 기업이 자금조달을 목적으로 발행하는 어음 중 재정경제부장관이 정하는 어음의 범위) 참조.
9) 자본시장법 시행령 제4조.
10) 전자어음법 제6조의2.

1997. 8	증권회사에 기업어음취급 허용
1997. 12	신탁계정 및 지방은행에 기업어음 할인업무 허용
1998. 1	여신전문금융회사에 기업어음 할인업무 허용
1998. 2	모든 은행 및 투자신탁회사에 기업어음 할인업무 허용
1998. 6	보험회사에 기업어음 할인업무 허용
2004. 3	전자어음법 제정(전자적 방식으로 약속어음 발행)
2005. 12	증권회사 신탁계정의 기업어음 할인업무 허용
2009. 2	자본시장법시행(발행자·발행단위·만기·최저신용등급등에 대한 규제폐지)
2009. 5	전자어음법 개정(외감법 적용대상회사의 전자어음발행의무화)
2009. 11	자본시장법상의 기업어음증권을 전자어음법 적용대상에서 제외

2. 기업어음의 발행시장

기업어음은 증권의 권면 작성 시 증권상의 권리가 생성되는 설권증권(設權證券)에 해당하기 때문에 표준어음용지를 사용하여 전량 실물로 발행된다. 발행회사가 직접 발행하는 경우도 있으나 통상 증권회사나 종합금융회사 등 할인·중개기관을 통해 간접발행하게 된다. 기업어음은 한국조폐공사가 제조한 어음용지를 관리하는 당좌계좌개설은행에서 발행회사가 어음용지를 매입하여 발행하게 된다. 그리고 이러한 발행시장에는 약 400여 개사의 발행기업과 종합금융회사·증권회사·신탁 등이 할인취급금융기관으로 참여하고 있다.

1997년 외환위기 이후 감소세를 보이던 기업어음은 단기금융시장의 발전에 따라 꾸준히 성장하여 왔다. 특히, 2001년 이후 신용카드사 등 여신전문금융회사의 기업어음에 대한 발행수요의 증가와 자산운용회사 등 금융기관의 기업어음에 대한 수요가 증가하면서 기업어음시장은 순발행추세로 전환되었다. 국내 단기금융시장에서의 기업어음비중은 2007년 말 잔액기준으로 약 25%를 차지하였으며, 발행잔액은 2006년 말 약 28.4조 원에서 2007년 12월 말에는 약 59.3조 원으로 크게 증가하였다. 그러나 2008년 하반기에 불어닥친 서브프라임 사태 이후 기업투자가 크게 위축되어 기업어음발행은 2008년 말에는 약 55.5조 원으로 축소되었다. 그 이후 금융시장이 안정을 찾아감에 따라 2009년 12월 말에는 약 74조 원에 달했으며, 2011년 6월 말에는 발행잔액기준으로 약 83조 원에 이르고 있다.

이러한 총 발행잔액 중 약 85%에 해당하는 71조 원이 증권중앙예탁기관(CSD: Central Securities Depository)인 한국예탁결제원에 예탁되어 있으며, 약 15%에 해당하는 12조 원이 금융기관이 보관하고 있는 것으로 추정되고 있다 특히, 최근의 기업어음시장에서 주목할 점은 2001년 카드사를 중심으로 자산담보부기업어음(ABCP: Asset Backed Commercial Paper, 이하 'ABCP'라 한다)[11]의 등장 이후 ABCP의 발행이 크게 증가하였다는 점이다. 한국예탁결제원에 예탁된 잔고를 기준으로 2011년 6월 말 현재 약 47.7조 원에 달하고 있는데, 이는 전체 기업어음시장의 약 57.4%에 달하는 규모이다. 유동화회사 형태별로 살펴보면 상법상 Conduit[12]을 통한 ABCP가 약 46.5조 원(56%), 「자산유동화에 관한 법률」(이하 '자산유동화법'이라 한다)에 따른 유한회사를 통한 ABCP가 약 1.2조 원(1.4%)를 차지하고 있다. 이는 자산유동화법에 따른 특례규정이 필요한 일부 자

---

11) ABCP는 자산유동화증권의 구조와 기업어음의 구조를 결합시킨 방식으로 유동화자산을 양도받은 특별목적유동화회사가 유동화자산의 현금흐름에 기초하여 단기금융상품인 기업어음을 발행하는 방식을 말한다. 요컨대, ABCP는 단일 혹은 다수의 자산보유자로부터 수집한 자산 풀(pool)을 바탕으로 기업어음을 발행하는 일련의 프로그램이라고 할 수 있다.

12) ABCP Conduit은 은행 또는 증권회사의 신용 및 유동성 공여를 바탕으로 회사채(주로 사모채)나 기업어음을 편입하고, 이를 바탕으로 기업어음(A1-A2)를 발행하는 구조로서 기간스프레드와 신용스프레드를 추구하는 차익거래상품을 말한다.

【표 1-4. 기업어음 발행현황】

(2011년 6월 예탁잔고 기준)

구 분	일반기업어음		자산담보부기업어음(ABCP)		합 계
	일반회사	금융회사	(자산유동화법상) 유동화전문회사	(상법상) 주식·유한회사	
금 액	21.5조 원	13.9조 원	1.2조 원	46.5조 원	83.1조 원 (100%)
	35.4조 원(42.6%)		47.7조 원(57.4%)		

자료출처: 한국예탁결제원

산유형을 제외한 대부분의 ABCP의 발행이 상법상 ABCP를 통해 발행되고 있음을 보여주고 있는 것이다.

한편, 2000년 이후에는 투자등급 이상의 기업어음발행비중이 꾸준하게 증가하였다. 그 결과 전체 기업어음 중 투자등급 이상의 기업어음발행비중이 2000년 79.3%에서 2009년에는 98.2%로 크게 증가하였다. 특히, 우량 기업어음에 대한 시장의 선호현상이 고착됨에 따라 최상위등급인 A1 기업어음의 발행비중이 2000년 7.2%에서 2009년에는 76.3%까지 크게 증가하였다. 한국예탁결제원에 예탁된 국내 기업어음의 만기별 잔액기준을 살펴보면 2010년 6월 말 현재 만기 30일 이하의 기업어음은 전체발행 중 약 8.5%(약 5.6조 원)에 불과

【표 1-5. 우리나라 기업어음의 만기구조】

('10.6월 말 현재 예탁종목기준/발행잔액 기준)

구 분	1~4일	5~9일	10~20일	21~40일	41~80일	81일 이상	합 계
종목수	12개	29개	66개	702개	408개	14,086개	15,303개
	0.1%	0.2%	0.4%	4.6%	2.7%	92.0%	100%
발행잔액	0.5조 원	0.3조 원	0.7조 원	5.7조 원	1.8조 원	56.6조 원	65.6조 원
	0.1%	0.4%	1.0%	8.7%	2.8%	87.0%	100%

구 분	1~30일	31~91일	92~182일	183~270일	271~365일	366일 이상	합 계
발행잔액	5.6조 원	19.7조 원	19.0조 원	4.1조 원	11.9조 원	5.3조 원	65.6조 원
	8.5%	30.1%	28.9%	6.3%	18.1%	8.1%	100%

자료출처: 한국예탁결제원

하다. 반면, 만기 31일~182일 사이의 기업어음비중은 **59%**(38.7조 원)에 달하고 있다. 특히, 2009년 2월 시행된 자본시장법이 기업어음의 만기에 대한 제한을 폐지하면서 1년 이상의 기업어음이 약 **8.1%**(5.3조 원)로 크게 증가하였다.

3. 기업어음의 유통시장

기업어음은 전량 실물로 발행되어 장외에서 할인·중개기관을 중심으로 거래되고 있어 정확한 규모를 파악하는 것은 어렵다. 그러나 연간 약 100~150조 원 규모의 거래가 이루어지는 것으로 추정되고 있다. 일반기업이 발행하는 기업어음에 대한 중개는 주로 은행의 종금사업부, ABCP의 경우에는 은행과 증권회사를 통하여 중개가 이루어지고 있다. 그러나 기업어음시장에서 중개시장이 차지하는 비중은 미미한 편이다. 이에 비하여 기업어음의 할인 및 매출은 주로 은행 및 종합금융회사를 통하여 이루어진다.13) 그런데 증권회사는 수신기능이 없다. 그 결과 통상 기업어음을 할인한 후 해당 기업어음을 보유하지 않고 무담보형식으로 매출하는 형식을 취하고 있다.

종합금융회사의 경우 외환위기 이전에는 할인된 기업어음을 대부분 은행신탁 등의 기관투자가에게 매출하였다. 그러나 외환위기 이후에는 할인된 기업어음을 자신이 만기까지 보유하는 경향이 증가하고 있다. 증권회사의 경우 자금여력이 없는 증권회사는 통상 할인과

---

13) 2006년 MMF(Money Market Fund) 익일 매수 및 환매제의 시행에 따른 MMF 수요의 감소로 기업어음투자에 대한 소극적 태도를 취하고 있다. 이에 따라 자산운용회사의 전체 기업어음 발행분 중 점유율은 하락추세에 있으나 MMT(Money Market Trust)에 자금이 지속적으로 유입됨에 따라 은행의 점유율은 2005년부터 증가 추세에 있다.

【표 1-6. 기업어음의 기관별 보유현황】

('10.6월 말 현재 예탁결제원에의 예탁잔액 기준)

구 분	증 권	은 행	보 험	종금 · 금고	집합투자 기구	합 계
금 액	21.5조 원	18.3조 원	0.2조 원	0.4조 원	21.9조 원	62.3조 원
비 율	34.5%	29.4%	0.3%	0.6%	35.2%	100%

자료출처: 한국예탁결제원

동시에 매출하는 단순중개기능만을 수행한다. 그러나 자금여력이 큰 증권회사는 금리마진을 얻기 위해 상당기간 기업어음을 보유하는 경우도 있다. 은행 · 투자신탁회사 · 보험회사 등에도 기업어음의 할인 업무가 허용되어 있다. 그러나 이 기관들은 직접 기업어음을 할인하기보다는 대부분 종합금융회사나 증권회사가 할인한 기업어음을 개입하여 만기까지 보유하고 있다.

기업어음은 자산운용회사의 **MMF(Money Market Fund)**와 특정 금전신탁에서 주로 매입한다. 자산운용회사는 종합금융회사와 증권회사가 할인한 기업어음을 매입한다. 이에 비해 특정금전신탁은 할인한 기업어음을 개입하거나 직접 할인하고 있다. 특히, 최근에는 간접투자시장의 정비로 인하여 펀드시장이 크게 성장하였다. 이에 따라 자산운용회사가 기업어음의 주요 매수기관 역할을 담당하고 있는 상황이다.

4. 기업어음관련 법규 및 규제

기업어음은 어음법에 의하여 발행되는 약속어음의 일종으로서 설권증권(設權證券)의 특성상 실물발행이 필요하고, 배서에 의하여 양도하여야 하는 등 양도방법에 제한이 있다. 분할배서도 어음의 설권

【표 1-7. 기업어음의 취급범위 및 근거】

업종	취급범위	근거법규
종합금융회사	발행 · 할인 · 매매 · 중개 · 인수 · 보증	자본시장법 제336조 제1항 제1호
투자매매 · 중개업자	발행 · 인수 · 매매 · 모집 · 매출	자본시장법 제6조 제2항, 제3항
신탁업자	매수	자본시장법 제105조 제1항 제6호
여신전문금융회사	할인	여신전문금융업법 제46조 제1항
집합투자업자	운용대상	자본시장법 제81조
보험회사	운용대상	보험업법 제105조

증권성에 반하고 발행자 및 그 이후의 배서인들의 의사에 반할 수 있어 금지된다. 또한, 기업어음은 기업이 사업에 필요한 자금을 조달하기 위하여 발행한 약속어음으로서 기업어음증권이라는 문자가 인쇄된 어음용지를 사용하여야 한다는 자본시장법상의 규제가 있다.[14]

그 외에도 금융업종별 업무인가에 대한 규제는 개별조문 및 개별법에 산재되어 규정되어 있다.

Ⅱ. 우리나라 기업어음시장의 과제

1. 서설

기업어음은 어음법상 약속어음인 동시에 자본시장법상 증권이라는 상호 충돌하는 이중적인 법적 지위 보유를 가지고 있다.[15] 그런데

---

14) 자본시장법 제4조 제3항, 동법 시행령 제4조.

어음법과 자본시장법은 입법취지와 목적이 상이하기 때문에 양법의 관련조항이 서로 상충하는 부분이 존재한다. 요컨대, 어음법은 기본적으로 상거래와 관계된 어음(진성어음)을 대상으로 하고 있어 기업들에게 신속하고 원활한 영업활동을 보장하기 위해 간편한 발행절차를 추구한다. 그 결과 어음요건만 충족하면 되고, 이사회의결이나 증권신고서의 제출 등의 절차가 필요 없으며 발행금액에 대한 한도도 없다. 반면, 어음법상의 배서의무, 권면분할양도금지 등의 조문이 적용되어 자연스럽게 유통과정은 엄격하게 제한되고 있다.

이에 비하여 자본시장법은 표준화·정형화된 투자상품들을 증권으로 규정하고, 이러한 상품들에 대해서는 거래를 자유롭게 보장하고 있다. 그 대신에 투자자보호를 위해 이사회의결이나 증권신고서 제출 등의 까다로운 발행절차와 공시의무를 발행회사에 부과하고 있다. 이처럼 기업어음은 자본시장법상 증권으로 간주되어 금융기관을 통한 거래과정이 자유롭다. 반면, 기업어음에는 어음법이 적용되어 투자자보호를 위해 필요한 자본시장법상의 발행 및 공시의무절차가 면제되고, 실물발행·분할양도금지·배서의무 등이 부과되어 유통시장 발달의 제약요인으로 작용하고 있다.16)

---

15) 이처럼 기업어음이 이중적인 법적 지위를 가지게 된 것은 외환위기 이후 부실종 금업체의 퇴출로 인해 기업어음의 할인업무가 급격히 감소하자 1997년 8월 증권회사에 기업어음할인업구를 허용하고 증권회사를 통해 할인·중개된 기업어음을 舊증권거래법상 유가증권으로 간주한 데서 비롯된다.

16) 그러나 형식적·외형적으로 판단하면 이러한 기업어음의 이중적 법적 지위는 기업어음에만 고유한 것은 아니다. 예컨대, 자본시장법은 각 증권의 발행 근거 법이 아니기 때문에 주식과 사채(회사법), 국채(국채법) 등 모든 증권도 이러한 이중적 법적 지위를 가진다고 볼 수도 있는 것이다. 그러나 타 증권의 경우에는 이러한 법적 이중적 지위에 따른 상호충돌현상을 완화하거나 제거할 수 있는 법적 근거를 유통관련법에 두어 발행 근거법에서 규정하고 있는 해당 증권의 속성을 그대로 유지하면서 해당 증권의 이중적 법적 지위문제를 해결하고 있다. 그러나 기업어음의 경우어는 약속어음이라는 특수한 성질을 그대로 유지하면서

　　그 외에도 기업어음은 발행 및 유통에 관한 정보공보가 불충분하여 단기금융시장의 투명성을 확보하는 데 제약요인으로 작용하여 왔다. 특히, 최근에는 자본시장법의 시행과 함께 기업어음발행에 대한 규제가 대폭 완화되면서 공시의무 등을 회피하기 위한 수단으로 이용될 수 있는 잠재적 위험도 한층 커지게 되었다.

2. 우리나라 기업어음시장의 과제

1) ABCP의 발행급증에 따른 잠재적 시장불안요인으로 작용

　　2000년에 도입된 ABCP의 발행은 2003년의 Conduit 설립과 2005년 이후의 PF Loan 유동화의 활성화에 힘입어 발행규모면에서 급격한 증가세를 보이고 있다. ABCP 발행규모는 2006년 말 기준으로 약 11.3조 원(PF ABCP: 5조 원, ABCP Conduit: 6.3조 원)에 불과하였다. 그러나 2009년 12월 말에는 약 31.46조 원으로 전체 기업어음시장의 50%에 육박하였고, 2011년 6월에는 약 46.6조 원에 달해 전체 기업어음시장의 약 56%에 이르는 등 ABCP의 비중이 크게 증가하고 있다. 이처럼 최근 ABCP의 발행이 크게 증가한 이유는 자산유동화시장에서 가장 큰 비중을 차지하는 PF Loan 유동화의 약 92%가 ABCP의 형태로 발행되고, 부채담보부증권(CDO: Collateralized

---

이러한 충돌하는 이중적 법적 지위문제를 해결하기 곤란한 면이 있다. 예컨대, 기업어음의 경우에는 자본시장법상 증권으로서 투자자보호를 위해 발행인에게 기업어음발행에 대한 공시의무가 부과되는 동시에 '신용정보의 이용 및 보호에 관한 법률'에 의한 신용공여(대출)정보로 인식되어 발행정보가 제한적으로 공개되고 있는데, 이는 기업어음의 상호 충돌하는 법적 지위의 이중성에 따른 문제로 볼 수 있는 것이다. 이런 측면에서 기업어음의 법적 이중적 지위는 다른 증권의 이중적 법적 지위와는 기본적인 차이가 있다고 보아야 한다.

Debt Obligation)17)의 대부분이 ABCP로 발행된 데 기인하는 것으로 분석된다.

이러한 최근의 ABCP의 성장은 기업어음시장이 한도거래 구조로 전이되는 것을 촉진시키고 상품설계의 다양화를 진척시키는 등의 긍정적인 측면도 있다. 그러나 기업어음은 그 특성상 다른 자금조달원에 비하여 만기가 짧다. 따라서 ABCP의 급격한 성장은 대형기업의 도산 시 신용경색을 초래하고 시장의 변동성을 증폭시킬 가능성이 있다. 특히, 최근 건설업종의 자금 조달원으로 각광받고 있는 PF ABCP의 급격한 증가는 건설경기가 침체하는 경우 브실화 가능성이 매우 높다. 그리고 이는 국내 부동산 프로젝트 파이낸싱(PF) 자금의 70% 이상을 제공하고 있는 은행들의 유동성 위기를 불러일으킬 수 있는 뇌관으로 작용할 여지도 있다. 이처럼 금융시장에서 변동성이 가장 큰 기업어음과 산업으로서의 변동성이 가장 큰 건설업의 과도한 의존은 구조적인 위험성을 안고 있다고 볼 수 있다.

2) 실물 기업어음의 발행에 따른 비용과 위험상존

어음법상 어음은 설권증권(設權證券)에 해당하기 때문에 실둘증권이 반드시 발행되어야 한다. 따라서 기업어음을 발행하는 기업은 통상 거래은행으로부터 지급지를 명시한 어음용지를 교부받아 실물

---

17) 회사채나 금융기관의 대츨채권, 자산담보부증권(ABS)이나 주택저당증권 (MBS) 등을 묶어 만든 유동화 채권으로서 신용파생상품의 일종이다. CDO는 1990년대 중반에 첫선을 보인 이후 미국, 유럽 등지에서 발행규모가 증가해 왔으며, 2006년 미국 등에서 1조 달러(약 917조 원)어치가 발행될 정도로 큰 인기를 얻었다. CDO는 담보도 사용된 대출이나 회사채가 제때 상환되지 못할 경우 투자자들의 손실로 이어지는데, 서브프라임 모기지 사태가 불거진 후 채권가격이 폭락하면서 주요 금융회사 등 투자자들이 큰 손해를 입은 경험이 있다.

증서형태로 발행하며, 은행의 당좌예금계정을 통하여 결제하게 된다. 이렇듯 실물증권이 발행됨에 따라 많은 시간적·물리적 비용이 발생하고 있다.

우선, 실물증권의 발행 및 거래비용이 발생하고 위변조 및 분실 등의 사고위험이 상존하고 있다.[18] 요컨대, 발행기업과 할인기관은 실물증서를 직접 인도하고 수령하여야 하기 때문에 위·변조 및 분실위험이 상시 존재한다. 또한, 할인기관이 이를 매수기관에 판매하는 경우에도 실물로 인도하거나 중앙예탁기관(한국예탁결제원)에 예탁하여 계좌대체로 처리하여야 한다. 그 외에도 유통단계마다 위·변조 여부 등을 확인하는 등 유통과정에서도 많은 거래비용이 발생하게 된다.

특히, 기업어음투자자의 대부분은 서울과 수도권 지역에 집중되어 있다. 이에 따라 지방소재 기업의 경우에는 실물기업어음의 발행을 통한 자금조달에 어려움을 겪고 있다. 또한, 어음교환소가 대도시 중심의 권역별로 운용되고 있다. 그 결과 지방소재 기업의 경우에는 어음교환제도의 이용에 물리적 어려움이 있다. 그 외에도 투자자와 중개기관·할인기관의 대부분이 서울과 수도권 지역에 집중되어 있어 지방소재 기업이 기업어음을 이용하는 자체가 상당히 어려운 상황이다.[19]

그 밖에도 기업어음의 실물발행 시에는 증권발행과 자금납입 사이

---

18) 대표적인 사례로 2004년 8월 극동도시가스의 기업어음 500억 원대 위조 및 유통사건으로 외환은행이 327억 원대의 손실을 본 것을 들 수 있다.

19) 발행기업과 중개·할인기관이 서로 원거리에 있는 경우 실물인수도와 보관·운송에 상당한 위험과 비용이 발생한다. 이에 따라 지방소재기업이 기업어음을 통해 단기자금을 조달하기 위해서는 서울이나 수도권에 별도사무소를 설치하거나 원거리 이동이 불가피하게 된다.

에 시간적 간극(間隙)이 발생하게 된다. 그 결과 발행인은 일정 시간동안 인수인의 자금결제불이행등의 신용리스크에 노출된다. 요컨대, 기업어음이 먼저 발행되고 인수인의 자금납입은 은행업무 마감시점 이후에 이루어지게 된다. 그 결과 발행인은 인수인에 대한 신용리스크에 노출되고, 납입자금의 당일활용에도 일정한 제한을 받게 되는 것이다.

3) 만기구조의 편중

기업어음의 실물발행 및 상환절차에 소요되는 시간적 부담은 초단기물시장의 육성에 장애요인으로 작용하고 있다. 금융기관을 통해 지급제시와 자금회수(대금수령)가 대부분 이루어지는 기업어음의 경우에는 어음교환제도를 이용할 수밖에 없다. 이 경우 지급제시은행에 대한 기업어음증권의 인도(교환의뢰, D-1), 교환(D), 차액산출 · 결제(D) 등 일련의 교환절차로 인해 초단기물의 발행이 현실적으로 어렵다.[20]

이러한 이유로 인하여 우리나라의 기업어음은 주요외국에 비하여 초단기물의 비중이 현저히 낮은 편이다. 2010년 6월 말 현재 전체 기업어음 중 만기 4일물 이하는 전체 종목 수(15,303개)의 0.1%(12개), 전체 발행잔액(65.6조 원)의 0.1%(약 0.5조 원)에 불과한 상황이다. 반면, 만기 81일물 이상은 전체 종목 수의 92.0%(14,086개), 전체 발행 잔액의 87%(약 56.6조 원)를 차지하고 있다. 이는 4일물 이하 초단기물이 중심을 이루고 있는 미국의 기업어음시장과는 크게 대조적임을 보여주고 있다.

---

20) 2일물 이하의 경우 사실상 발행 당일 지급제시은행에 기업어음을 인도하여야 하는 등 유통에 어려움이 존재한다.

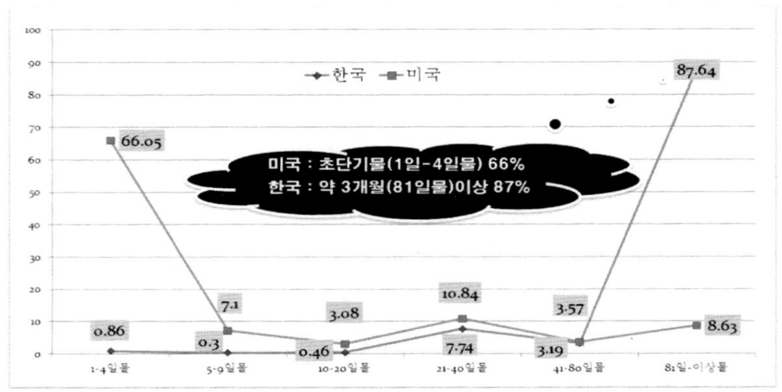

자료출처: 한국예탁결제원

4) 분할금지에 따른 유통시장의 미발달

기업어음은 증권의 권면작성 시 증권상의 권리가 생성되는 설권증권(設權證券)이다. 이런 점에서 권리의 발생과 증권의 발행이 구별되는 주식 및 채권 등과는 구분된다. 또한, 기업어음은 기명증권이나 무기명증권과 달리 배서에 의해 권리가 양도되는 지시증권(指示證券)의 일종이다. 이러한 설권증권의 특성 및 배서의 효력21) 등을 반영하여 어음법상 기업어음의 분할배서(분할양도)는 금지되고 있다. 현실적인 측면에서 보더라도 종이어음은 분할배서가 물리적으로 불가능하며, 이를 인정할 경우에는 권리와 증권의 결합이 해체되어 어

---

21) 배서의 필요적 기재사항에는 증권 권면상의 ① 배서문언, ② 피배서인(백지식 배서서는 생략 가능), ③ 배서인의 기명날인이나 서명이며, 배서의 효력에는 ① 권리 이전적 효력, ② 담보적 효력, ③ 자격수여적 효력이 있다. 그러나 백지식 배서어음의 단순교부 시에는 권리 이전적 효력과 자격수여적 효력은 인정되나 담보적 효력은 인정되지 아니한다.

음의 속성에도 반하지 된다.

이처럼 어음법상 기업어음은 권면분할이 금지된다. 그 결과 하나의 증서로 발행된 기업어음은 1인이 액면 총액을 인수하여야 한다. 이는 기업어음보유자와 잠재적 투자자 간에 금액과 만기상의 불일치가 존재할 경우에는 분할양도를 통한 거래 자체를 불가능하게 만들어 기업어음의 원활한 유통에 커다란 걸림돌로 작용하고 있다. 이처럼 현행 기업어음은 특정투자자에 의한 전액인수가 불가피하다. 따라서 다수의 펀드가 공동으로 기업어음을 매입하는 경우에는 보관기관이 매입지분을 표시하는 보관증을 발행하여야 하는 등 소액단위로 기업어음 분할취득을 위해 편법적인 방법이 사용되고 있는 상황이다.[22]

5) 발행정보의 불투명성

기업어음은 주식이나 채권과 달리 발행과 관련된 등록이나 신고의무가 없어 발행정보의 공표가 충분하게 이루어지지 않고 있다. 이게 따라 기업어음과 관련하여서는 기업어음 발행정보의 불투명성이 항상 거론되어 왔다. 현재 금융감독원·은행연합회·투자금융협회·한국예탁결제원 등이 기업어음의 발행 및 유통 관련 정보를 공시하고는 있다. 그러나 그 적시성·정확성·접근성 등에 근본적인 한계를 지니고 있다.

다시 말해서, 금융감독원의 공시내용은 분기·반기보고서 보고시점의 정보로서 투자시점과 괴리가 있고,[23] 투자금융협회의 공시정보

---

22) 기업어음을 하나의 보관기관 명의로 취득한 다음, 한국예탁결제원이 관리하고 있는 '펀드원장' 상에 복수의 펀드가 각각의 '지분권'을 표시하는 방법으로 분할하고 있다.

는 은행 및 종합금융회사 기업어음이 제외된 증권회사의 할인정보에 한정되어 있어 정보의 완전성이 결여되어 있다. 그 외에 은행연합회의 공시정보는 은행 중심의 정보로서 투자자의 접근이 제한되어 있으며, 한국예탁결제원의 정보는 예탁의무가 있는 기업어음에 대해서만 제공한다는 한계가 있다.

특히, ABCP의 경우는 대부분 자산유동화법상의 SPC(Special Purpose Company)가 아닌 상법상 SPC를 통하여 발행하고 있어 공식적인 통계를 파악하는 것이 매우 곤란하다. 특히, ABCP의 경우 2006년 9월 부동산 ABS 관련 규제 강화(공시 등)에 따른 대체수요 및 건설경기 활성화 등에 따라 발행이 급증한 바 있다. 그러나 대부분 사모로 발행되고 유동화자산 보유자 등 투자에 필요한 정보가 공시되지 않고 있다. 그 결과 투자자 피해가 우려되고 금융위기 시에는 부실규모 등의 파악에 어려움이 있을 가능성이 크다.

기업어음의 이중적인 법적 지위와 이에 따른 금융기관 간의 상이한 인식기준도 기업어음에 대한 통합적인 정보의 수집 및 유통을 저해하고 있다. 기업어음 정보의 공개와 관련하여서는 기업어음을 대출로 볼 것인지 아니면 증권으로 볼 것인지에 대한 관련기관의 인식의 차이에서 비롯되는 것이다. 요컨대, 한국예탁결제원에서는 기업어음을 자본시장법상의 증권으로 인식하여 기업별 기업어음정보를 제공하고 있다. 반면, 은행연합회는 2003년 신용카드사태 이후 금융권별로 분산 관리되던 기업어음관련정보가 동 기관에 집중되도록 개선되었음에도 불구하고 「신용정보의 이용 및 보호에 관한 법률」에 의한 신용공여(대출)정보로 인식하여 정보를 제한적으로 공개하고 있다.

---

23) 상장법인 등 사업보고서 제출대상법인은 사업보고서(반기보고서 포함)의 부속명세서에 기업어음발행현황을 기재하도록 의무화하고 있다.

이처럼 기업어음에 대한 정보공시가 불투명하고 적시에 이루어지지 않는 경우에는 투자자보호의 문제를 야기하게 된다. 다시 말해서, 기업어음 발행규모 공시정보의 부족은 발행사의 부도위험이나 자금상황 등에 대한 정보부족으로 이어져 투자자가 커다란 손해를 입을 수 있는 것이다. 그 대표적인 사례는 외환위기 이후의 자금경색과정에서 발생한 대우그룹사태 등에서 파악할 수 있다.

그 외에도 현행 기업어음은 발행한도가 사전에 확정되어 있지 않고 기업이 필요시마다 할인기관과 협의하여 발행량을 결정하게 된다. 이러한 기업어음의 발행방식은 발행물량에 대한 정보부족을 야기하게 된다. 그리고 궁극적으로는 기업의 신용리스크가 기업어음의 가격에 적절하게 반영되는 것을 저해하게 된다.

6) 기업어음 발행규제의 대폭폐지

2009년 2월 시행된 「자본시장법」은 금융기관 간 형평성 문제를 해소하고 단기금융시장의 효율성을 제고하기 위하여 기업어음제도에 대한 발행규제를 대폭 완화하였다. 즉, 「舊증권거래법」에서 규정하였던 발행자 요건, 신용평가등급, 만기, 최저액면금액 등에 대한 규제를 폐지하였다. 그러나 이러한 발행규제의 완화는 오히려 단기금융상품으로서의 기업어음의 정체성에 혼란을 가져오고, 투자자들이 접근할 수 있는 공시자료가 축소될 수 있는 부작용을 초래하였다.

우선, 기업어음의 만기제한폐지는 만기차이를 통해 기업어음과 회사채를 구분하였던 기존의 기준을 무용지물로 만들었다. 또한, 만기가 1년 이상인 기업어음의 발행을 가능하게 하여 장기자금의 조달수단으로 인식되던 회사채와 별다른 차이가 없는 결과를 가져왔다.[24]

아울러, 기업어음에 대한 만기제한폐지는 기업들이 회사채 대신에 기업어음을 장기조달수단으로 선택할 경우 장기기업어음이 회사채 시장을 잠식할 수 있다. 또한, 회사채 발행 시 요구되는 복잡한 발행 및 공시절차를 회피하는 수단으로 악용될 수도 있어, 투자자보호에 반하는 결과도 초래할 수 있다.[25]

그다음으로 발행자 요건의 폐지는 투자자들이 접근할 수 있는 공시자료를 축소시킬 가능성을 내포하고 있다. 자본시장법이 시행되기 이전에는 기업어음의 발행자 요건이 상장회사·협회등록법인 등으로 제한되고 있었다.[26] 이에 ABCP 발행목적의 유동화전문회사(SPC)는 이러한 조건을 충족시키기 위해 대부분 사채발행이 가능한 상법상 주식회사 형태를 취하여 왔다.[27] 그런데 자본시장법 시행으로 발행자 요건이 폐지되자 기업들은 주식회사보다 설립절차 등의 요건이 간편하고 공시의무도 대폭 축소되는 상법상 유한회사 형태의 유동화전문회사(SPC) 설립을 선호하는 현상이 나타나고 있다.[28]

---

24) 舊 증권거래법상 기업어음의 만기는 1년 이내로 제한되고 있었다(舊 재정경제부 공시 제2001-20호).

25) 2010년 6월 말 예탁기업어음을 기준으로 만기 1년(365일)을 초과하는 기업어음이 전체 기업어음의 예탁잔액(65.6조 원)의 8.13%(5.3조 원)를 차지하고 있다(자료출처: 한국예탁결제원 내부분석자료).

26) 舊 증권거래법상 기업어음의 발행자는 상장법인·협회등록법인·정부투자기관·특수법인·경영정상화이행약정서 제출 금융기관으로 제한되고 있었다(舊 재정경제부 공시 제2001-20호).

27) ABCP의 발행주체는 법적 근거를 기준으로 크게 자산유동화법에 따른 유동화전문유한회사, 상법상의 일반회사로 구분할 수 있다, 상법상의 일반회사는 다시 주식회사와 유한회사로 구분되고, 주식회사는 또다시 일반적인 형태의 주식회사와 특수한 형태인 Conduit으로 세분할 수 있다.

28) ABCP 발행목적의 상법상 유동화전문회사 설립형태를 주식회사로 하는 경우에는 기업어음발행요건을 충족하기 위해 발행한 소액보증사채발행에 따른 소액공모공시서류와 외감법에 따른 감사보고서를 제출하여야 하였다. 그러나 유동화전문회사의 설립형태가 상법상 유한회사인 경우에는 이러한 서류를 제출할 의무

【그림 1-4.우리나라 기업어음시장의 문제점】

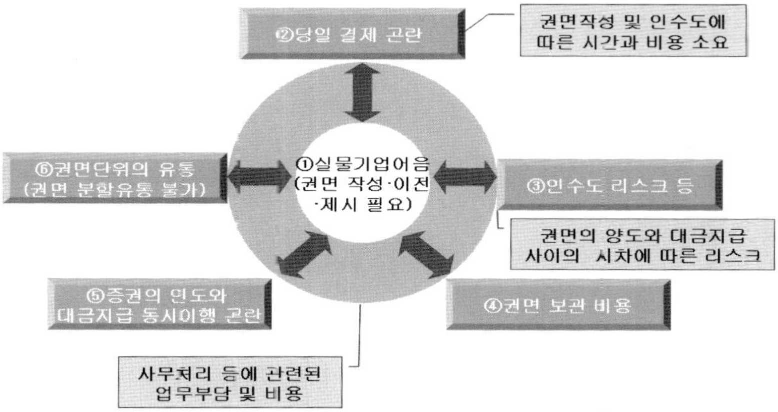

제3절 기업어음제도의 대안: 전자단기사채제도

Ⅰ. 전자단기사채제도의 도입배경 및 기대효과

1. 전자단기사채제도의 도입배경

1) 기업의 재무관리수단 확충

기업의 자금조달은 기업의 설비 및 시설투자 등을 위한 것으로 자

도 없게 되어 사실상 공시의무가 없게 되는 결과를 가져오게 된다.

본시장에서 주식과 회사채 발행을 통하여 조달하는 장기자금조달과 기업의 경상거래를 위한 것으로서 단기금융시장에서 기업어음 등의 발행을 통해 조달하는 단기운용자금의 조달로 구분할 수 있다. 그리고 우리나라 기업들의 단기자금조달수단은 다시 크게 기업어음과 금융기관대출로 구분할 수 있다.

그런데 금융환경이 변화함에 따라 금융기관의 대출에 의존하는 기업들의 단기자금조달방식은 상당히 축소될 것으로 전망되며, 단기자금조달도 주로 직접금융시장을 통하여 이루어질 것으로 예상된다. 또한, 기업어음을 통한 기업의 단기자금조달은 전술한 제도적 제약으로 인하여 기업의 재무관리고도화를 위한 니즈(needs)를 충족시키기 어려울 것으로 보인다. 이에 따라 기업의 단기자금조달을 원활하게 하기 위한 제도의 개편 내지 새로운 제도의 마련이 필요할 것으로 보인다.

2) 단기금융시장의 효율성 제고

현재 우리나라의 단기금융시장은 콜시장, RP시장, 양도성예금증서(CD)시장 및 기업어음(CP)시장으로 구성되어 있다. 비 금융기관(특히, 증권회사)의 자금조달은 주로 콜시장에서 이루어지고 있는데, 현행 콜시장은 중앙은행에 지불준비금 예치의무가 있는 금융기관들이 지불준비금을 거래하는 본연의 역할을 수행하지 못하고 증권회사 등이 운영자금을 조달하는 시장의 기능을 하고 있다. 이처럼 현행 콜시장은 구조적인 문제점을 안고 있어 단기금융시장의 균형적인 발전을 저해하고 있다.

이에 따라 콜시장을 지준예치의무가 있는 은행 중심의 시장으로 개편할 필요가 있다. 이처럼 콜시장을 은행 중심의 시장으로 개편할 경우에는 증권회사 등 비은행금융기관이 초단기자금을 적시에 조달하거나 운용할 수 있는 대안적 시장을 마련해줄 필요가 있다. 그런대 현행 기업어음시장은 자금조달의 적시성이나 초단기자금의 운용 등 여러 측면에서 콜시장을 대체하기에는 미흡하기 때문에 콜시장을 대체할 수 있는 대안적 제도가 필요하다고 할 것이다.29)

2. 전자단기사채제도의 기대효과

1) 금융상품별 기능정립을 통한 단기금융시장의 균형발전

현재 콜시장에는 지준예치의무가 있는 예금은행뿐만 아니라 다양한 비은행금융기관이 참가하고 있다. 그 결과 콜시장은 중앙은행의 통화 및 금융정책수단으로서의 기능이 미흡한 실정이며, 자금수급이 콜시장에 집중되어 있어 금융시장이 경색되는 경우에는 단기금융시장에 커다란 영향을 줄 수 있다. 특히, 초단기물의 기업어음 발행이 곤란하여 기업들이 은행의 당좌대금대월에 의존하게 되고, 이는 은행의 콜 자금수요를 가중시키고 있어 콜시장이 경색되는 경우에는

---

29) 금융위원회는 지난 2010년 7월 27일 "콜시장 건전화 및 단기지표채권 육성 등을 통한 단기금융시장 개선방안"의 발표를 통해 증권회사의 콜차입 축소를 추진하기로 발표하였다. 그리그 2011년 6월 22일에는 "금융회사 간 단기금융시자의 구조적 개선방안"을 발표하여 ① 금융회사 간 단기금융시장을 개편하여 콜시장은 은행중심으로 운영하고, ② 제2금융권의 단기자금 조달 및 운용은 기관 간 **RP** 와 새로 도입된 전자단기사채 등으로 유도하기로 하였다. 이러한 개선안이 시행되는 경우 제2금융권의 자금조달 및 운용에 관한 위험관리 제고를 통하여 금융시장의 잠재적 리스크를 선제적으로 완화하고 차입기관의 신용도 및 담보 여부를 반영한 기간별 단기금리구조를 형성할 수 있는 효과를 볼 수 있을 것으로 보인다.

기업부문에 영향을 미칠 수 있다. 그런데 전자단기사채제도가 도입되면 기업들의 당좌차입 의존도를 축소하여 금융시장 리스크의 분산을 할 수 있고, 비은행금융기관의 단기자금조달을 활성화하여 단기금융시장의 균형적 발전을 도모할 수 있다.

2) 기업어음의 실물발행에 따른 사회적 비효율성 해소

전자단기사채에서는 실물증권 없이 발행·유통·상환의 모든 과정이 전자적으로 처리된다. 즉, 증권에 대한 권리의 발생·이전·소멸 등의 절차가 등록기관의 계좌부 기재(book-entry)를 통하여 이루어지게 된다. 이처럼 전자단기사채제도에서는 실물발행에 따른 문제점을 완전히 해결할 수 있다. 또한, 기업어음제도에서는 실물발행·인도, 대금수령·지급과정에서 기업어음의 발행과 대금납입시간의 불일치로 인하여 발행인이 신용리스크에 노출되고 자금운용에 제약을 받게 된다. 그러나 전자단기사채에서는 등록기관에 의한 증권 및 대금의 동시결제(DVP: Delivery Versus Payment)로 발행인이 신용리스크에서 벗어나게 된다.

아울러, 기업어음제도에서는 발행·상환에 있어서 실시간 동시결제가 이루어지지 않아 자금의 당일 운용이 곤란하다. 그러나 전자단기사채제도에서는 동시결제에 따른 자금입출에 대한 정확한 예측으로 보다 정밀한 자금운용이 가능하게 된다. 그 외에도 선진국의 사례에 비추어 볼 때 전자단기사채제도가 정착되는 경우에는 기업들이 기업어음 발행에 따른 조달금리보다 낮은 금리로 자금을 조달할 수 있을 것으로 예상된다.[30]

3) 단기자금시장의 활성화에 기여

전자단기사채는 기업의 단기자금조달을 '담보제공에 따른 은행대출'에서 '신용발행에 의한 기관투자자의 투자'의 형태로 발전적으로 전환할 수 있는 계기를 제공하게 된다. 특히, 기업어음의 경우에는 법적 구조가 권리발생에 증권의 작성을 필요로 하는 설권증권(設權證券)인 약속어음에 해당한다. 이에 따라 권면분할이나 분할양도가 불가능하여 원활한 유통에 제약이 따른다. 반면, 전자단기사채는 그 법적 성격이 상법상 사채에 해당한다. 그 결과 어음법상의 제약요건에서 자유롭고, 전자등록계좌부에의 등록을 통한 분할유통 및 취득이 용이하게 되어 단기자금 유통시장의 활성화에 기여할 수 있을 것으로 보인다.

【그림 1-5. 전자단기사채제도의 도입효과】

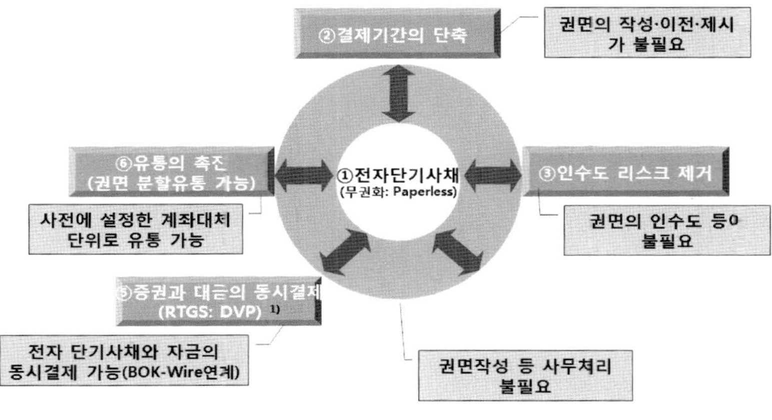

주1) RTGS: Real Time Gross Settlement(실시간 증권과 대금 총량 결제), DVP: Delivery Versus Payment(증권과 대금 동시결제)

---

30) 기업어음발행 시 통상 적용되는 'CD+가산금리' 수준에서 기업의 신용도 기준에 따른 '콜금리±α' 수준의 하향조정을 기대할 수 있다.

Ⅱ. 전자단기사채제도의 주요내용

전자단기사채제도에서는 전자단기사채의 법적 성격을 사채(社債)로 일원화하고, 실물방식으로 발행되는 기업어음과 달리 전자적 계좌부에 등록하여 발행하도록 하였다. 또한, 투자자 보호를 위해 발행되는 전자단기사채의 종류, 종목 등은 등록기관(한국예탁결제원)을 통하여 투명하게 인터넷 홈페이지를 통하여 공개하도록 하고 있다. 그 외에도 전자단기사채제도에서는 유통성과 신속성 등 현행 기업어음의 장점을 그대로 유지하기 위하여 상법에 대한 특례규정을 두어 발행자와 투자자 모두의 편의성을 도모하고 있다.

1. 전자단기사채의 정의

전자단기사채제도는 기업어음의 경제적 실질을 대체하고 설권증권(設權證券)으로서의 기업어음의 한계를 극복하기 위한 제도로서, 일정한 성립요건을 갖춘 사채에 대하여 실물을 발행하지 않고 사채의 발행·유통 및 권리행사 등을 전자적인 방법으로 처리하는 제도이다. 즉, 전자단기사채제도는 단순히 실물증권만 유통되지 않게 하는 것이 아니라 사채가 표창하는 권리를 전자적 등록계좌부에 등록하여 양도·담보설정·권리행사 등이 가능하도록 하는 제도인 것이다. 그 결과 전자단기사채는 그 기본전제로 실물증권의 발행이 금지되어야 한다.

전자단기사채는 기업어음이 추구하는 경제적 목적(기업의 단기자금조달)은 그대로 유지하면서 기업어음과 유사성을 가지는 단기자금

조달수단을 모두 포함될 수 있도록 설계될 필요가 있다. 아울러, 기업어음의 본질적 속성(약속어음)으로 인하여 발생하는 기업어음제도의 한계를 극복할 수 있도록 정의될 필요가 있다. 또한, 전자단기사채를 정의함에 있어서는 기업어음의 상품성을 유지하기 위한 최소발행금액, 만기 등에 대한 요건은 반드시 필요하다. 그 외에도 전자단기사채제도의 실효성을 확보하기 위해서는 전자단기사채의 적용대상을 현재 기업어음과 유사한 발행조건을 갖는 채무조건으로 제한할 필요가 있다. 이런 점을 감안하여 전자단기사채제도에서는 전자단기사채가 갖추어야 할 요건을 다음과 같이 설정하고 있다.

1) 각 사채의 금액은 1억 원 이상일 것

전자단기사채의 최저단위금액을 1억 원 이상으로 설정하고 있다. 이를 통해 전자단기사채를 구입할 수 있는 투자자를 일정한 자력(資力)을 갖추고 법률에 의한 특별한 보호가 필요 없는 투자자로 제한하고 있다. 이는 일반투자자의 소액참가를 제한하고 전자단기사채시장을 전문투자자 중심으로 시장을 육성하기 위한 것이다. 외국의 사례를 보더라도 일본은 전자단기사채의 최소단위금액으로 '각 사채의 금액이 1억 엔 이상일 것'을 요구하고 있고,31) 미국도 증권신고서 면제 요건 중 하나로 일반투자자가 일반적으로 매수할 수 없는 사채금액(관행상 10만 불 이상)을 요구하고 있다.

---

31) 사채 · 주식 등 대체에 관한 법률(이하 '사채 · 주식등대체법'이라 한다) 제66조 제1호 가목.

2) 만기가 1년 이내일 것

전자단기사채의 만기를 1년 이내로 제한하여 투자자가 단기 신용리스크만 부담하도록 하고 있다. 이처럼 전자단기사채의 만기를 1년 이내로 제한한 취지는 만기에 대한 제한을 두지 않는 경우에는 단기자금조달이라는 전자단기사채의 기본적인 취지가 매몰되고, 상법 등에 따른 규제를 회피하기 위해 장기사채를 전자단기사채의 형태로 발행할 우려가 있기 때문이다. 외국의 사례를 보면 일본의 경우 전자단기사채의 원금상환일을 사채총액의 납입일로부터 1년 미만인 날로 제한하고 있으며, 미국(270일)이나 프랑스 · 독일 · 영국 등(1년)도 통상 1년 미만의 만기를 가지고 있다.

3) 사채금액을 한꺼번에 납입할 것

전자단기사채에 대한 납입금의 납입방법을 일시납입방식으로 제한하고, 전자단기사채의 만기를 1년 이하로 정하여 전자단기사채를 통하여 조달하는 자금의 용도를 단기자금용도로 제한하고 있다. 일시납입방식으로 납입방법을 제한하는 이유는 단기자금조달을 위하여 발행하는 전자단기사채에 장기자금조달에 주로 사용되는 분할납입방식을 허용할 실익이 적기 때문이다. 또한, 분할납입에 따른 납입의무의 일부불이행이나 전액납입 전 전자단기사채의 발행 및 유통 가능성 등의 위험을 회피하기 위한 목적도 있다. 참고로 우리의 벤치마킹대상인 일본도 전자단기사채에 대한 납입금의 분할납입을 금지하고 있다.[32]

---

32) 사채 · 주식등대체법 제66조 제1호 다목.

4) 만기에 원리금 전액을 한꺼번에 지급할 것

전자단기사채는 만기에 원리금 전액을 한꺼번에 지급한다는 취지가 정해져 있어야 한다. 전자단기사채는 상환기간이 1년 이하인 단기채권이기 때문에 원금과 이자의 상환일을 달리할 실익이 없다. 이에 따라 만기에 원리금의 전액을 일시에 지급하도록 하고 있다. 이러한 단기금융상품의 속성을 고려하여 기존 기업어음의 경우도 만기에 원리금의 전액을 일시에 지급하는 형태를 취하고 있다. 일본의 경우에도 전자단기사채에 대하여 이자의 지불기한과 원본의 상환기한이 일치할 것을 요구하고 있다.

5) 주식과 관련된 부가적 권리가 부여되지 않을 것

사채에 전환권(轉換權), 신주인수권, 그 밖에 다른 증권으로 전환하거나 다른 증권을 취득할 수 있는 권리가 부여되지 않아야 한다. 전자단기사채제도는 종전의 기업어음을 대체하기 위해 도입되는 제도이다. 따라서 전자단기사채의 상품성을 종전의 기업어음과 동일하게 유지하기 위해서는 전자단기사채에 전환권이나 신주인수권, 그 밖에 이와 유사한 부가적 권리가 부여되어서는 안 된다. 사채에 전환권이나 신주인수권 등을 부여하는 경우에는 사실상 전환사채나 신주인수권부사채 등을 전자단기사채로 발행하는 것을 허용하는 결과를 가져오기 때문이다. 현행 기업어음의 경우도 원리금상환청구권이외의 부가적 권리를 부여하고 있지 않으며, 일본의 경우에도 전자단기사채에 대하여는 신주예약권(新株豫約權)33) 부여를 금지하고있다.

6) 담보부사채신탁법에 따른 담보를 설정하지 아니할 것

전자단기사채에는 담보부사채신탁법 제4조에 따른 물상담보(物上擔保)를 붙이지 말아야 한다. 전자단기사채에 담보부사채신탁법에 따른 물상담보를 붙이는 경우에는 신탁회사에 대한 관리·감독이 필요하게 되어 사채권자집회의 소집 및 운영이 불가피하게 된다. 따라서 이 경우에는 일반투자자에 의한 소액투자를 제한하여 사채권자집회의 적용을 회피하고자 하는 전자단기사채제도의 도입방향과 사실상 배치되게 된다. 현행 기업어음의 경우에도 일부 ABCP에 대하여 매입보장약정이 이루어지고는 있으나 물상담보를 제공하는 경우는 없다. 참고로 일본의 경우에도 단기사채에는 담보부사채신탁법에 따른 담보제공이 금지되어 있다.[34]

【표 1-8. 전자단기사채와 현행 기업어음의 비교】

구분	전자단기사채	현행기업어음(자본시장법)
목적	사업에 필요한 단기자금조달	사업에 필요한 단기자금조달
법적 성질	사채	약속어음
무권화	가능(의무사항)	불가능
발행방법	대표이사	대표이사
발행한도	이사회가 설정	제한 없음
발행인자격	제한 없음	제한 없음
신용평가등급	제한 없음	제한 없음
최저액면금액	1억 원	제한 없음
만기	1년 이하	제한 없음

---

33) 일본에서는 과거 전환사채·신주인수권부사채제도가 있었다. 그러나 신주예약권의 내용 및 설계에 따라 전환사채 또는 신주인수권부사채와 동일한 효과를 부여할 수 있게 되어 2001년 신주예약권제도의 도입과 동시에 동 제도를 폐지하였다.

34) 사채·주식등대체법 제83조 제1항.

납입방법	일시납입	일시납입
원리금상환일	동일	동일
부가적 권리부여	금지	없음
물상담보제공	금지	없음
양도방법	전자등록	실물양도
분할 가능성	가능	불가능
발행기업	제한없음	사실상 수도권 소재기업
발행기간	1일 이상	3일 이상 *

* 예탁 기업어음에 대해서는 원리금상환을 위하여 2영업일간 계좌대체 제한

2. 전자단기사채제도의 기본운영구조

1) 전자단기사채의 발행 · 유통 · 상환

전자단기사채는 실물증권의 발행 없이 전자적 계좌부에의 등록 (book-entry)을 통해 권리가 창설, 유통 및 소멸된다. 전자단기사채를 발행하려는 자는 전자단기사채의 발행 및 인수내역을 등록기관 (한국예탁결제원)에 통지하여 계좌등록의 방식으로 발행하게 된다. 그리고 전자단기사채의 권리이전, 질권설정 및 말소, 신탁표시 및 말소 등은 권리자가 해당 전자단기사채가 등록된 기관(등록기관, 계좌관리기관)에 신청하여 계좌등록을 통하여 처리하게 된다.

2) 전자단기사채제도의 운영기관

전자단기사채제도의 운영주체는 중앙등록기관의 역할을 담당하는 등록기관과 해당 등록기관에 참가하면서 고객의 전자단기사채를 관

리하는 계좌관리기관이다. 전자단기사채의 발행인 또는 권리자는 제
도의 운영주체에 계좌를 개설하여 전자단기사채를 발행하거나 권리
를 취득하게 된다.

3) 전자단기사채의 계좌구조

전자단기사채를 발행하려는 자는 등록기관(한국예탁결제원)에 발
행인관리계좌를 개설하여야 하고, 전자단기사채의 권리자가 되려는
자는 등록기관이나 계좌관리기관에 관련 계좌를 개설하여야 한다.
발행인관리계좌는 전자단기사채 등의 발행인이 그 전자단기사채 등
의 발행내용을 관리하기 위하여 등록기관에 개설하는 계좌이다. 전
자단기사채등을 보유하거나 전자단기사채 등에 대한 질권, 그 밖의
권리를 가지고자 하는 자가 개설하는 계좌로는 고객계좌와 계좌관리

【그림 1-6. 전자단기사채제도의 발행 · 유통 및 계좌구조】

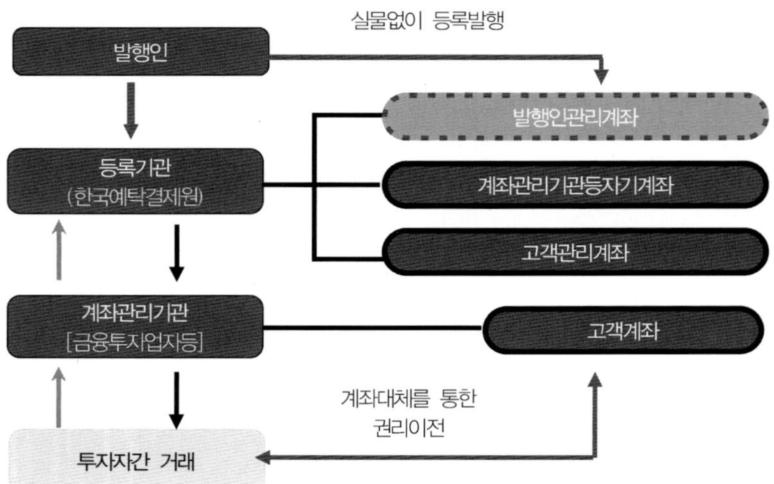

기관 등 자기계좌가 있다. 고객계좌는 일반투자자가 전자단기사채 등을 보유하거나 질권설정, 그 밖의 권리를 가지기 위하여 그 계좌관리기관에 개설하는 계좌이다. 계좌관리기관등자기계좌는 계좌관리기관이나 기관투자자가 전자단기사채의 보유, 질권설정 또는 그 밖의 권리를 가지기 위하여 등록기관에 개설하는 계좌이다.

4) 전자단기사채의 초과기재 차단 및 초과 시 처리절차

전자단기사채는 실물 없이 전자적 등록방식으로 발행된다. 그 결과 발행인이 실제로 발행한 총 발행금액보다 등록기관이 관리하는 계좌관리기관등자기계좌와 고객관리계좌부상의 합계금액이 많거나 계좌관리기관이 관리하는 고객계좌부의 총금액이 등록기관이 관리하는 고객관리계좌부의 금액보다 많을 수도 있다. 이에 대비하여 실제 발행된 금액보다 많은 초과기재의 발생을 차단하기 위한 장치를 마련하고 있다. 요컨대, 등록기관은 업무마감 직후 계좌관리기관 등 자기계좌부상의 금액과 고객관리계좌부상의 금액을 합한 금액이 발행인 관리계좌부상의 총 발행금액과 일치하는지 여부를 확인하게 된다. 아울러, 계좌관리기관과는 고객관리계좌부상의 금액과 고객계좌부의 총합계금액이 일치하는지 여부를 전산시스템을 통해 확인하게 된다.

【그림 1-7. 초과기재 여부 확인메커니즘】

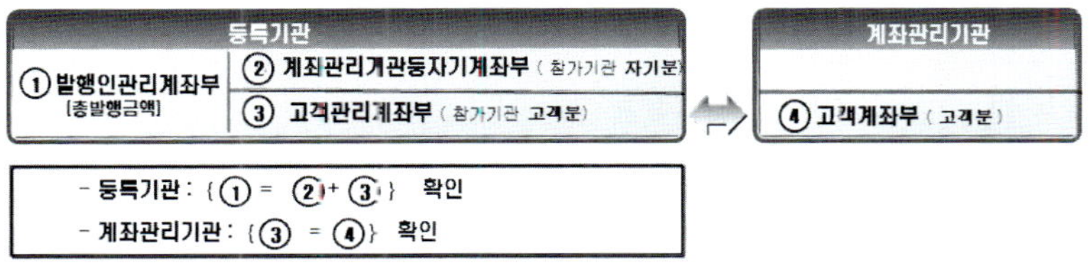

5) 전자단기사채에 대한 권리행사

전자단기사채제도에서는 실물증권이 존재하지 않는다. 따라서 권리자가 전자단기사채에 대한 원리금청구, 채권자 이의 신청 등 전자단기사채에 대한 권리를 행사하기 위한 절차가 필요하다. 전자단기사채에 대한 권리자는 등록기관을 통하여 원리금 수령 등 권리행사를 할 수 있다. 이는 전자단기사채에 대한 권리행사의 원활화를 도모하고, 사무부담경감과 업무처리의 효율화를 실현하기 위한 것이다. 그리고 전자단기사채에 대한 채권자는 채권자로서의 지위를 입증하기 위해 자신의 전자단기사채가 등록되어 있는 등록기관이나 계좌관리기관에 '채권자증명서'의 발행을 신청하여 발행인에 대하여 채권자로서의 권리를 행사할 수 있다.

【그림 1-8. 권리행사 업무메커니즘】

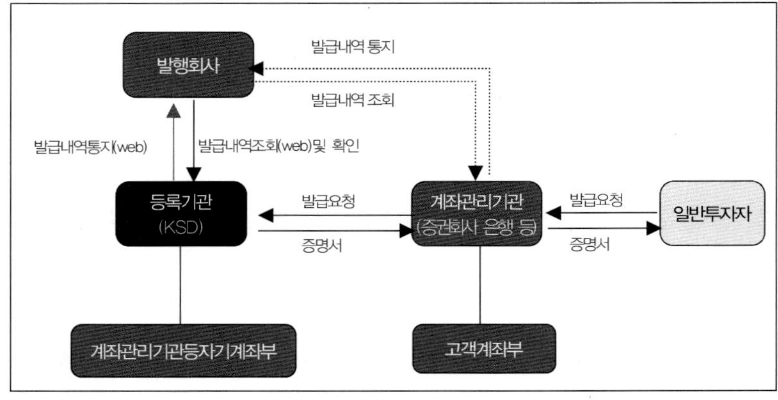

3. 상법에 대한 특례내용

전자단기사채도 사채의 일종이나 상법상 사채에 관한 규정 중 전자단기사채제도의 원활한 운영에 장애가 될 수 있는 규정은 그 적용을 배제할 필요가 있다. 이에 해당하는 상법상의 대표적인 규정으로는 ① 사채의 모집어 관환 규정(상법 제469조), ② 사채원부의 작성의무에 관한 규정(상법 제488조), ③ 사채권자집회에 관한 규정(상법 제490조 내지 제512조 등) 등을 들 수 있다.

1) 발행절차 및 발행한도에 대한 특례

전자단기사채제도에서는 상법 제469조에 대한 특례로 전자단기사채 등을 발행하려는 자는 이사회가 정하는 발행한도 이내에서 대표이사에게 전자단기사채 등의 발행권한을 위임할 수 있도록 하고 있다. 이는 신속한 단기자금조달이라는 전자단기사채의 목적을 충족하고, 발행한도 규제 장치가 없어 지나치게 남발되어 발행되는 기업어음제도의 문제점을 고려한 것이다.[35]

---

[35] 개정상법(2011년 4월 14일 공포, 2012년 4월 15일 시행) 제469조 제4항에서는 "정관에서 정하는 바에 다라 이사회는 대표이사에게 사채의 금액 및 종류를 정하여 1년을 초과하지 아니하는 기간 내에 사채를 발행할 것을 위임할 수 있다"고 규정하고 있다. 그 결과 상법규정을 전자단기사채법과 동일한 규정으로 얼견 해석할 여지가 있다. 그러나 전자단기사채는 이사회가 발행한도를 정하여 대표이사에게 발행을 위임할 수 있으나 상법상 사채는 정관에서 정하는 바에 따라 이사회가 발행한도를 정하여 대표이사에게 위임할 수 있고, 전자단기사채의 발행한도는 미상환된 사채의 발행잔액을 기준으로 하는 데 비하여, 상법상 사채는 누적적 총액한도를 기준으로 한다는 점에서 차이가 있다는 점을 유의하여야 한다.

2) 사채원부에 대한 특례

사채원부의 작성을 의무화하고 있는 상법규정은 단기간 동안 수시로 발행과 상환을 반복하는 전자단기사채의 특성상 전자단기사채의 발행인에게 과중한 부담을 초래할 수 있다. 또한, 사실상 무기명사채의 성격을 갖는 전자단기사채의 경우에는 사채원부 관리의 실질적 실익도 없다. 참고로 현행 기업어음의 경우에도 사채원부에 상응하는 제도가 없으며, 일본도 단기사채에 대하여는 사채원부작성을 배제시키고 있다.[36]

3) 사채권자 집회에 대한 특례

상법상 사채권자집회는 장기·대량의 사채 중 일부 일반투자자들이 공통의 이익을 단체적·공동적으로 옹호하기 위하여 조직하는 것이다. 그러나 최저단위금액이 1억 원 이상인 전자단기사채를 인수하는 투자자의 경우에는 통상 발행인과 대등한 협상력을 보유하고 있어 이 규정을 전자단기사채권자에 적용할 실익은 매우 적다. 아울러, 사채권자집회의 소집에서 인가까지 소요되는 기간을 고려하더라도 전자단기사채에 대하여 사채권자집회를 운영하는 것은 현실적으로 곤란하다. 그 외에 현행 기업어음의 경우에도 사채권자집회에 상응하는 제도가 없으며, 일본도 사채권자집회에 관한 상법규정을 배제하고 있다.[37]

---

36) 사채·주식등대체법 제83조 제2항.
37) 사채·주식등대체법 제83조 제3항.

제2장 주요국의 기업어음(CP) 시장

Ⅰ. 미국의 기업어음(CP)시장

1. 기업어음시장 현황

미국에서 기업어음은 1933년 증권법(The Securities Act of 1933) 이 제정된 이후에 동법의 적용을 받아 왔다. 그러나 기업어음이 실질적으로 기업의 단기자금조달수단으로서의 역할을 수행하기 시작한 것은 1960년대 이후라고 할 수 있다. 현재 미국기업어음의 최소액면금액은 10만 달러이나 대부분 액면금액이 수백만 달러에 이르고 있으며, 기업어음의 최장만기는 270일이나 평균적으로는 30일 이내로 발행되고 있다. 그리고 발행된 기업어음 중 만기 1～4일의 초단기기업어음이 가장 높은 비중을 차지하여 2009년 6월 말 기준 약 65%에 이르고 있으며, 간기 20일 이하가 77.3%에 이르고 있다.

미국에서의 기업어음발행방식은 금융기관이 자체 판매망을 이용하여 발행하는 직접발행(direct paper)과 일반기업이 Morgan Stanley, Goldman Sachs 등의 전문딜러를 통해 발행하는 간접발행(dealer paper)으로 구분된다. 그리고 만기 9개월 이내의 기업어음에 대하여는 1933년 증권법에 따라 SEC(Securities and Exchange Commission)에의 등록이 면제되고 있다.[38] 2009년 6월 말 현재 미국의 기업어음시장 규모는 약 1.3조 달러에 이르고 있는데, 기업어음발행을 통해 조달된 자금은 경상거래(current transaction)에만 사용하도록 그 용도가 제한되어 있다.[39]

---

38) 1993년 증권법 Section 3(a)(3).

39) 기업 등이 일상적으로 행하는 경상거래의 기준에 따라 ① 기존부채의 상환, ② 설비투자 및 긍장건설, ③ 상업용 부동산개발자금, ④ 모기지나 증권투자 등에

미국 기업어음시장의 특징은 GE Capital과 같은 캐피탈회사 등과 같은 소비자 금융기관의 자금수요(financial CP)가 주도하고, 기업의 재고조정 관련 단기수요(industrial CP)가 시장의 변동을 구성하며, ABCP의 발행량이 시장의 절반을 상회한다는 점이다. 특히, 미국 기업어음시장은 전형적인 한도거래구조를 취하고 있으며, 발행인은 은행과 대체유동성공급약정(Back-up Line of Credit)40)을 체결하고 있다. 그리고 이 범위 내에서 기업어음을 발행하게 되는데, 이러한 유동성지원약정은 유동성리스크 분석의 필수평가항목에 포함되어 있다.41)

미국에서는 기업어음에 대한 신용평가를 의무화하고 있지는 않다. 그러나 1970년 Penn Central Transaction Co.가 파산하여 8천2백만 달러의 기업어음이 지급불능이 된 이후에는 거의 모든 기업어음이 SEC가 공인한 NRSRO(Nationally Recognized Statistical Rating Organization)42)를 통해 신용평가를 받고 있다.43) 이러한 신용등급은 투자자들에게 매우 중요한 정보를 제공하게 되며, MMF의 기업어음편입비중 규제와 관련한 기준을 제시하는 데도 활용되고 있다.

미국에서 기업어음은 사모발행 면제규정에 따라 재판매할 수는 있

조달자금이 사용되는 것을 제한 것을 의미한다.

40) 기업어음발행인에 대한 시장불안정 시 일시적인 대체유동성을 금융기관이 제공(기업어음인수)하는 한도로서 기업어음에 대한 등급부여 시 반드시 요구되며, 신용등급별로 Credit Line 금액은 차등(A1, P1 등급은 기업어음발행금액의 50%, A1, P1 등급 미만은 기업어음 발행금액의 100%)된다. 이에 대한 상세는 Federal Reserve Bank of Richmond 홈페이지(www.richmondfed.org) 참조

41) 신용평가회사는 이러한 대체유동성공급에 대한 요건이 충족되지 않으면 신용등급을 평가하지 않는다.

42) NRSRO로 지정된 기관은 Standard & Poor's, Moody's, Fitch 등이 있다.

43) 1989년 후반 정크본드시장의 붕괴 이후, 미국에서 발행되는 기업어음의 대부분은 높은 등급(S&P등급 A2, 무디스등급 P2 이상)을 보유하고 있는 기업들에 의하여 발행되고 있다.

다. 그러나 대부분 단기가 짧을 뿐만 아니라 특정만기를 원하는 투자자는 신규로 발행되는 기업어음을 매입할 수 있기 때문에 기업어음시장의 2차 거래는 제한적이다. 유통시장에서 거래되는 기업어음은 대부분 당일 결제되며, 증권중앙예탁기관인 DTC(Depository Trust Company)가 기업어음시장에서 이루어지는 거의 모든 거래에 대한 결제를 행하고 있다. 이에 비하여 매매자금결제나 만기 시의 자금결제는 중앙은행이 운영하는 거액결제시스템을 통해 증권 및 대금동시결제(DVP)방식으로 결제된다. 미국 기업어음시장의 거래실적은 DTC를 통해 집중되고 있으며, 이러한 거래정보를 바탕으로 FRB가 시장평균금리를 발표하고 있다.

한편, 2008년 말 미국 전역에 몰아닥친 금융시스템의 위기는 기업어음시장에도 심대한 타격을 입혔다. 기업어음투자자들은 기업어음발행기관들의 서브프라임 자산에 기업어음이 포함되어 있을 개연성이 높아지자 기업어음은 매입을 거의 중단하였던 것이다. 그 결과 다수의 주요기업들이 기업어음을 통하여 하루 이상의 자금을 조달하기가 매우 힘들어지게 되었다. 이러한 신용경색국면을 완화하기 위해 연방준비제도이사회(FRB)는 특별목적회사(SPV: Special Purpose Vehicle)를 통해 적격발행기관[44]이 발행한 만기 3개월 미만의 적격 무담보기업어음이나 ABCP[45]를 직접 매입해주는 기업어음매입용기금(CPFF: Commercial Paper Funding Facility)을 조성하여 기업어음을 직접 매입하는 비상조치를 취한 바 있다.

---

44) 미국회사만 SPV에 기업어음을 매도할 수 있기 때문에 외국에 모회사를 가지고 있는 미국 자회사는 SPV에 기업어음을 매도할 수 있다. 그러나 미국에 모회사를 가지고 있는 외국의 자회사는 SPV에 기업어음을 매도할 수 없다.

45) SPV가 매입하는 적격 기업어음은 3개월 미만의 무이자부 미국 달러표시 기업어음으로서 NRSRO로부터 최소 A-1/P-1/F1의 신용등급을 받아야 한다.

【표 2-1. 미국의 기업어음시장 개요】

구분	내용
만기	최장 270일
최소발행금액	10만 불 이상으로 천 불단위로 증액발행
거래방식	할인방식/당일결제시스템(DTC Book-entry방식)
발행인	S&P 등급 A-2 이상, 무디스 등급 P-2 등급 이상
SEC 등록면제	만기: 270일 이내 자금용도: 경상거래(current transaction) 최소발행금액: 10만 불
대체유동성 공급한도 (Back-Up Credit Line)	CP등급 부여 시 반드시 요구 신용등급별 Credit Line 금액 차등 (A1/P 1등급: CP발행금액의 50%, A1/P1등급 미만: CP발행금액의 100%)

2. 기업어음시장의 인프라

미국에서 발행되는 기업어음의 거의 대부분은 1980년대까지는 실물
형태로 발행되었다. 그러나 1980년대 후반부터 단기금융상품인프라개편
에 대한 논의가 시작되면서 기업어음의 무권화가 추진되었다. 그 결과
1992년 초에는 40% 이상의 기업어음이 장부상으로만 발행되었다. 그리
고 최근에는 DTC의 MMI(Money Market Instruments)시스템[46]을 통
하여 발행기업어음의 거의 대부분이 무권화 방식으로 발행되고 있다.

기업어음의 발행과 관련된 기관은 발행기관,[47) 투자자,[48) 보관기

[46) DTC가 단기금융상품의 발행 및 예탁결제를 위하여 자동화된 장부기 (book-entry)
환경을 제공하기 위하여 1990년부터 운영하는 시스템으로 기업어음의 경우 99%
가 MMI시스템을 통해 발행되고 있다.

[47) 발행기관은 기업어음의 발행 및 만기 시 대금지급에 대한 결제업무를 위해 IPA
와 IPA Agreement를 체결하며, 기업어음의 분배(Distribution)를 위해 딜러와
도 계약을 체결하게 된다(대형발행기관의 경우에는 딜러의 도움 없이 직접 투자
자에게 배분하기도 함).

관(Custodian),[49] 브로커/딜러(Broker-Dealer),[50] 발행 및 지급대리인(IPA: Issuing and Paying Agent, 이하 'IPA')[51] 등이다. 그런데 기업어음발행은 통상 DTC의 IPA 계좌에서 딜러의 계좌로 이체되고 최종적으로 투자자의 보관기관계좌로 이체된다. 따라서 IPA, 딜러 및 보관기관은 DTC에 계좌를 보유하고 있는 DTC 참가자이어야 한다.

IPA는 일반 계탁계좌와는 별도로 MMI시스템 참가를 위한 계좌를 DTC에 개설하여야 하며, 이를 위해 DTC에 참가신청서를 제출하여야 한다. 발행회사 또는 IPA는 기업어음이 시장에서 발행되기 전에 브로커/딜러와 발행회사 또는 IPA 간 발행정보를 상호 교환하는 메시지 송수신수단인 PIM(Pre-Issuance Messaging Service)을 통해 브로커/딜러와 발행정보를 교환하고 발행조건 및 인수내역을 확정하게 된다. PIM은 브로커/딜러와 발행회사 또는 IPA에게 저비용의 표준화된 신뢰성이 높은 통신수단을 제공하게 되는데, DTC가 PIM의 메시지 송수신과 관련한 중앙허브의 역할을 수행한다.

그다음 절차로 DTC는 IPA로부터 MMI시스템을 통한 발행지시를 접수하여 IPA계좌에 발행분을 증가기재한 후 해당 종목에 대하여 CUSIP Number(예탁종곡코드)를 부여하게 된다. DTC는 자금결제가

---

48) 투자자는 뮤츄얼펀드, 상업은행신탁부문, 보험회사 등 금융기관, 딜러 및 개인, 연기금 등이다.

49) 보관기관은 투자자를 대신하여 투자자산의 보관, 대금결제, 매수매도주문의 대리, 권리행사 등의 다양한 업무를 제공하게 되는데, 통상 상업은행이 이 업무를 수행한다.

50) 브로커/딜러는 기업어음매수를 원하는 투자자와 발행기관을 중개해 주거나 인수업무를 담당하게 되는데, 이 업무는 주로 투자은행이 담당한다.

51) IPA는 발행회사의 대리인으로서 주로 상업은행이 담당하게 되는데 기업어음의 발행 및 상환 시 지급업무를 처리하게 되며, 발행 및 대금지급 시의 DVP결제를 위해 발행기관에 대하여 신용한도를 설정해 준다.

【그림 2-1. 미국의 기업어음(CP) 발행 메커니즘】

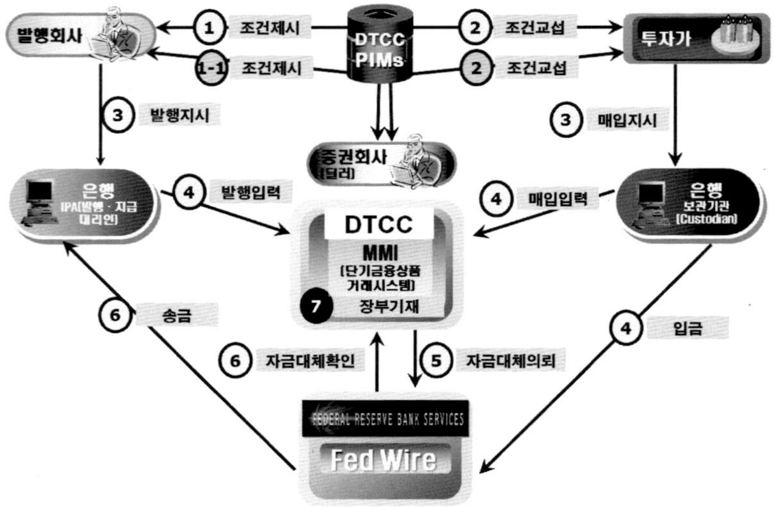

이루어진 후 발행된 기업어음을 브로커/딜러의 계좌로 인도하게 되
며, 브로커/딜러는 다시 투자자의 보관기관 계좌로 재 인도하여 발행
절차가 종료되게 된다.[52]

Ⅱ. 유로 기업어음(CP) 시장

유로 기업어음(Euro CP)은 유럽금융센터에서 딜러를 통해 일반투
자가를 대상으로 발행되는 단기의 무보증약속어음(an unsecured general
obligation in the form of a promissory bearer note)형태의 자금조

---

[52] 브로커/딜러가 없는 직접발행의 경우에는 IPA 계좌에서 보관기관계좌로 직접
　　인도하게 된다.

달수단이다. 이러한 유로 기업어음은 1980년대 초반에 등장한 이후 1999년 유럽통화통합을 계기로 급속하게 발행이 증가하기 시작하였는데, 주된 발행기관은 금융기관이다. 유로 기업어음의 특징은 발행자·투자자·통화측면에서 국제적 성격을 띠고 있고, 완화된 규제체계를 가지고 있다는 점이다.

특히, 유로 기업어음은 그 발행한도를 정하고 그 범위 내에서 단기어음을 발행한다는 점에서는 증권발행신용(NIF: Note Issuance Facilities)[53]과 유사하다. 그러나 인수약정이라는 보호장치(back-up facility)가 없다는 점에서 차이가 있다. 유로 기업어음의 최소발행금액은 15만 유로이며, 기업어음의 최장만기는 364일 이내이다. 대부분 1~3일물 이내의 초단기물이 미국과 비슷한 전체발행금액의 약 65%를 차지하고 있다.

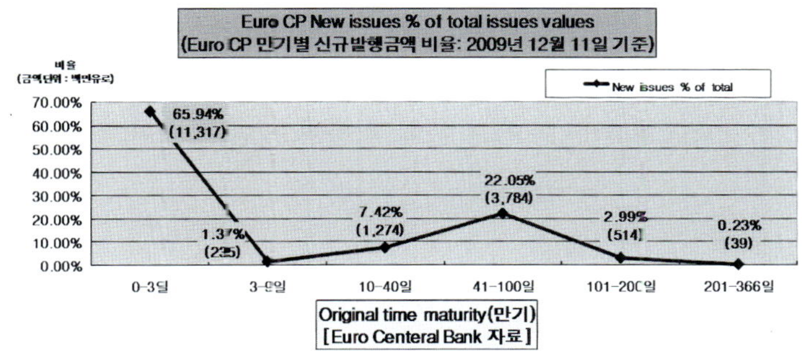

【표 2-2. 유로기업어음(Euro CP)의 만기구조】

자료출처: 한국예탁결제원

---

53) NIF란 은행이 차입자에게 중장기 여신한도를 제공하여 그 한도 내에서 차입자가 3~6개월의 단기어음(note)을 계속적으로 발행하여 자금을 조달하는 방식을 말한다. 차입자의 입장에서는 유로 기업어음이 NIF에 비하여 자금조달이 신속하고 탄력적이라는 매력이 있고, 자금을 공여하는 은행으로서도 NIF가 BIS가 규제하는 자기자본비율 규제대상이 되고 수익성도 낮아 그 취급에 소극적이다.

유로 기업어음은 일부를 제외하고는 대부분 유동성 확보를 위해 딜러를 통해 간접 발행되고 있다. 그리고 시장전통에 따라 주로 대권(Global Note)의 형태로 발행되어 Euroclear Bank나 Clearstream Banking International과 같은 국제예탁결제기관(ICSD: International Central Securities Depository)에 예탁하여 부동화하고 있다.

유로 기업어음의 발행인에 대한 신용평가는 의무화하지 않고 있다. 그러나 시장관행상 대부분 A1/P1 이상의 투자등급을 보유하고 있다. 또한, 미국과 마찬가지로 SEC와 같은 규제기관에의 등록조건이나 대체유동성공급한도(back-up credit line) 요건도 필요로 하지 않는다. 유로기업어음의 유통시장은 활성화되어 있지 않으며, 거래는 주로 할인방식을 이용하여 이루어지고 있다.

유로 기업어음의 가장 큰 장점은 가격경쟁력이라고 할 수 있는데, 유로기업어음의 이자율은 런던은행 간 리보금리와 유로 CD금리의 중간수준에서 형성되고 있다. 그 결과 단기자금시장에서의 전통적인 금융상품에 대한 대체수단으로 선호되고 있다. 유로 기업어음의 장점은 차입자의 입장에서 수수료를 포함한 총 차입비용이 신디케이트론이나 변동금리부채권(FRN) 등에 비하여 낮다는 점이다. 발행자의 입장에서도 여타 자금조달수단에 비하여 발행서류작성과 발행절차가 간편하다는 이점이 있다.

만기 365일 미만의 유로 기업어음의 이자에 대하여는 원천징수세가 부과되지 않으며 부과세나 인지세도 부과되지 아니한다. 그 결과 유로기업어음은 국제금융시장에서 금융기관이나 국제적 기업들의 여유자금운용수단으로 주로 활용되고 있다. 차입자의 신용도가 매우 중요시되기 때문에 신용등급이 우량한 차입자들이 발행시장을 주도하고 있다.

한편, 유로 기업어음에 대한 투자자 권리의 성격에 대해서는 부동화된 대권을 보유하고 있는 증권예탁기관 소재지의 법에 따라 정해지게 된다. 이와 관련하여 유로 기업어음프로그램은 통상 발행자의 채무불이행이 있는 경우에는 관련 예탁기관의 장부 및 기록에 기재된 바에 따라 투자자에게 실물증서를 제공하도록 규정하고 있다. 그리고 발행자가 합의한 날짜에 실물증서를 발행하지 않을 경우에는 관련 예탁기관 계조에 기재된 바에 따라 지급확약증서(Deed of Covenants)가 투자자의 재산권을 표창하게 된다.

【표 2-3. 유로 기업어음(Euro CP)시장 개요】

구분	내 용
만기	최장 364일 이내(대부분 30～90일 이내, 평균 만기 74일)
발행금액	프로그램방식으로 주로 운용 (최소만기 1주일, 최소티켓금액: 5백만 유로)
거래 및 결제	할인방식/당일결제시스템(European Clearing System 방식)
발행인	S&P 등급 A-1 이상, 무디스 등급 P-1 등급 이상이 약 91%를 차지
규제기관 등록	미국과 같은 SEC 등록조건은 없음
대체유동성 공급한도 (Back-Up CreditLine)	대체유동성공급한도에 요구요건은 없음

Ⅲ. 영국의 기업어음(CP)시장

1. 기업어음시장 현황

영국은 1986년 금융빅뱅을 단행하면서 기업에 단기 자금조달수단을 제공하는 동시에 미국 기업어음시장과 유로 기업어음시장으로 영국자금이 이탈하는 것을 방지하기 위하여 실물무기명증서형태의 기업어음을 도입하였다. 이를 위해 1995년 증권공모규정(POS: the Public Offers of Securities Regulations 1995)에서는 만기 1년 미만 또는 액면금액이 4만 유로 미만인 기업어음에 대하여는 등록을 면제하는 금융상품으로 규정하였다.

영국에서는 최근 기업어음의 시장규모가 꾸준히 증가하고는 있으나 다른 금융시장에 비교하면 그 비중은 미미한 상황이다. 이는 기관투자자들이 기업어음보다는 신용위험이 없는 은행인수어음(BA: Banker′s Acceptances)이나 재무성증권(TB: Treasury Bill)을 선호하고, 기업들의 입장에서도 미국이나 유로시장에서 보다 저렴한 비용으로 자금을 조달할 수 있기 때문인 것으로 분석된다.

기업어음의 발행기관·발행통화·최소발행금액 등에 대하여는 특별한 제한은 없다. 그러나 런던거래소 상장기업이 기업어음을 발행하기 위해서는 순자산이 2,500만 파운드 이상인 기업이거나 동 기업이 전액을 출자한 회사이어야 한다. 따라서 발행기업은 사실상 약 50여 개 대기업으로 제한되고 있다.54)

영국에서 기업어음의 주된 투자자는 은행·연금 등 기관투자자이

---

54) 그 밖에도 지방정부, 주택대부조합, 보험사, 국제기구도 발행이 가능하다.

며, 기업어음의 중개기관으로는 상업은행과 머천트뱅크 등이 참가하고 있다. 영국 기업어음은 담보 또는 보증 여부에 따라 담보기업어음(collateral CP)와 보증기업어음(secured CP), 무보증기업어음(unsecured CP)로 구분되는데, 그중 무담보기업어음이 대부분을 차지하고 있다.

기업어음발행은 주로 할인방식으로 이루어지고, 발행조건은 대부분 개별투자자의 요구에 맞추어 결정되는데, 만기는 30일 이내의 비중이 높다. 기업어음에 대한 신용평가나 대체유동성공급의 설정이 법적으로 의무화되어 있지는 않다. 그러나 기업어음발행기관은 1990년대 이후 대부분 신용평가를 받고 있다.

만기 1년 미만의 기업어음에 대하여는 과세하지 않으며, 만기 1년 이상의 기업어음에 투자하고 있는 외국인투자자에 대하여는 이중과세방지협정의 조건에 따라 과세하게 된다. 기업어음할인에 대한 세금은 없으며 기업어음의 발행이나 양도와 관련한 인지세도 부과되지 아니한다. 그 외 기업어음이 유럽연합이나 아일 오브 맨(Isle of Man) 이외의 투자자에게 발행 또는 매도되지 아니하는 한 기업어음의 발행이나 양도에 대한 부과가치세도 부과되지 않는다.

금융서비스시장법(FSMA: the Financial Services and Markets Act)상 기업어음발행자가 발행대금을 영국에서 수취하는 경우에는 예금수신업무를 하는 것으로 보게 된다. 그러나 최소액면금액이 10만 유로 또는 이와 동등한 외국통화로 전문투자자에게 발행된 기업어음에 대하여는 예외적으로 예금의 수신으로 보지 아니한다. 기업어음은 투자상품에 해당한다. 다라서 기업어음 딜러나 기타 중개기관은 금융서비스시장법(FSMA)에 따라 투자업무인가를 받아야 하며, 투자관련 리스크를 충분히 이해하고 있는 전문투자자를 제외하고는 투자정보서류나 관련정보는 관련규정의 적용을 받는다.

금융감독청(FSA: Financial Services Authority)의 규정은 기업어음 발행자가 아닌 기업어음 딜러에 초점이 맞추어져 있으며, 기업어음의 발행이나 유통과 관련한 시장남용을 규제하는 데 그 목표를 두고 있다. 기업어음시장에 대하여는 단기금융시장(Money Market)의 특성과 시장당사자(Market Counterparties) 간 거래라는 점을 감안하여 전문가 간 거래규약(Interprofessional Code)에 따라 보다 완화된 규제를 가하고 있다.

기업어음에 대한 상장요건은 없기 때문에 이론적으로는 발행자가 발행 기업어음을 런던증권거래소에 상장시킬 수는 있다. 그러나 런던증권거래소는 만기 1년 미만의 금융상품을 상장시키는 것을 꺼리고 있어 사실상 상장이 이루어지지 않고 있다. 그 외에도 기업어음의 매도에 있어서는 만기 1년 미만의 기업어음은 전문투자자에게만 매도하여야 한다는 증권공모규정(POS)과 금융서비스시장법(FSMA)의 제한을 받게 되며, 역매수(buy back)는 내부자거래 및 시세조정 등에 대한 시장남용규제의 적용을 받게 된다.

2. 기업어음시장 인프라

단기금융상품의 결제서비스를 통합하는 차원에서 2002년부터는 Euroclear UK(舊 CREST)가 CMO(Central Moneymarket Office)에서 처리하던 단기금융상품의 예탁결제업무를 이관 받아 처리하고 있다. 그리고 2003년의 무증서증권규정(USR: the Uncertificated Securities Regulation)의 개정 시에는 기존의 실물단기금융상품과 동일한 특성을 보유하면서도 Euroclear UK가 운영하는 전자등록방식을 통해서만 발행하고, 계좌부상 대체(Book-Entry)를 통해서만 인수도가 이루어지는 적격채무증권(Eligible Debt Security)제도가 도입되었다. 이에 따라 CD·단기국채·은행인수어음과 함께 기업어음도 적격채무증권(EDS)에 포함되어 전자등록방식으로 발행되고 계좌대체를 통하여 인수도할 수 있게 되었다.55) 이러한 영국의 기업어음 발행과정에는 발행기관,56) IPA,57) 중개기관,58) 투자자,59) 보관기관60) 등이 참여하게 된다.

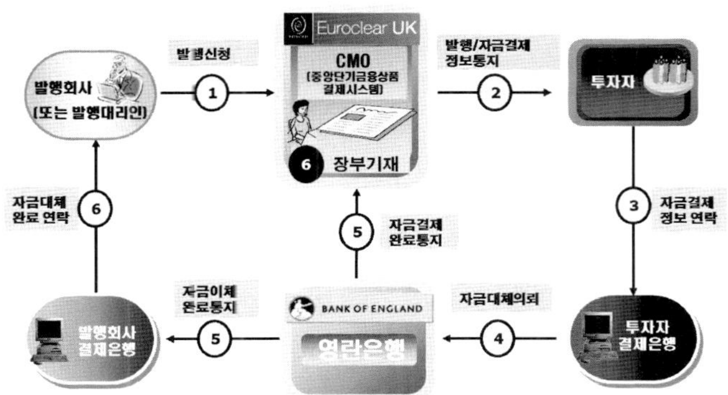

【그림 2-2. 영국의 기업어음(CP) 발행 메커니즘】

---

55) 그러나 영국에서 실물기업어음의 발행이 금지된 것은 아니나 실물기업어음은 적격채무증권(EDS)로 수용할 수 없어 Euroclear UK의 전자등록발행 및 계좌대체시스템을 이용할 수 없다는 것을 의미한다.

56) 일반기업, 비은행금융기관, 은행 등이며 발행기관은 IPA를 선정하여야 한다.

57) IPA는 기업어음의 발행 및 상환과 관련된 업무를 대행하는 기관으로서 Euroclear UK와 직접 연결된 네트워크를 보유하여야 한다. 주로 상업은행이 이 역할을 수행하나 Treasury Bill의 경우에는 중앙은행이 IPA 역할을 수행한다.

58) 기업어음은 대부분 직접 발행되기 때문에 중개기관이 반드시 개입할 필요는 없다. Euroclear UK에 계좌를 보유하고 있는 회원이면 중개기관의 역할을 수행할 수 있다.

59) 투자자는 주로 은행, 증권회사, 연금 등이다.

60) 투자자를 대신하여 Euroclear UK로 메시지를 전송하고 대금의 지급, 원리금 수령 등의 업무를 담당하는 기관으로 반드시 Euroclear UK의 이용자이어야 한다.

Ⅳ. 프랑스의 기업어음(CP)시장

프랑스의 통화금융법(Monetary And Financial Code) L.213-1조는 TCN(Titres de Créances Négociables)을 '발행기관의 발의로 발행하고 규제시장이나 장외시장에서 거래되며 부채를 나타내는 양도성 채무증권'으로 정의하고 있다. 그리고 이러한 TCN에는 양도성예금증서(CD), 기업어음(CP), 중기채무증권(MTN) 등이 포함된다.

TCN시장의 특징으로는 유연성과 유동성을 들 수 있다. 즉, 발행회사는 자금결제일에 결제시스템에서 거래를 실시간으로 처리하고, 당일에 증권을 발행할 수 있으며, 이자조건에 대한 규제도 없어 발행회사가 이를 임의로 정할 수 있다. TCN 발행은 발행회사의 대표이사나 전무이사(위임에 의해 이들을 정식으로 대행하는 자)의 일반적인 권한에 속한다. 그 결과 발행회사는 TCN 발행을 위해 주주나 이사회의 승인을 받을 필요가 없으며, 발행회사가 정보공개요건을 충족시킨 경우에는 청약일에 서명한 확인서만 있으면 TCN의 발행이 가능하다.

프랑스의 기업어음은 1998년 Financial Activity Modernization Act에 의해 상품성이 크게 개선되었으며, 1999년 유럽통화의 통합과 함께 그 발행량이 급속히 증가하였다. 프랑스 기업어음의 만기는 1일 이상이며, 최소 발행금액 단위는 15만 유로, 최장 만기는 1년을 넘을 수 없다. 기업어음은 투자회사, 공기업, 경제단체, 공공기관, 국제기구 등도 발행할 수 있으며, 유로지역 소재 여부에 관계없이 공모기업(활동 기간이 2년 이상 된)도 기업어음을 발행할 수 있다.

그 외에 2001년 5월 15일 자로 신설된 경제규제 관련 법률의 발효에 따라 지방의 공공기관도 기업어음을 발행할 수 있다. 기업어음은 할인채로 발행할 수 있지만 액면가 발행이나 할증도 가능하며, 직접발행(Direct Paper)과 간접발행(Dealer Paper) 모두 가능하다.[61] 특히, 프랑스에서는 기업어음의 발행 시 IPA(프랑스에서는 'Domiciling Agent'라 한다)의 설치가 제도적으로 의무화되어 있다는 특징이 있다.

기업어음은 CD 및 MTN과 마찬가지로 1991년 7월 26일자 법률이 발효된 후 1993년부터 무권화되어, 프랑스법인이 프랑스시장에서 기업어음을 발행하는 경우에는 의무적으로 무권화 방식으로 발행하여야 한다. 그러나 외국법인이 프랑스 국내에서 기업어음을 발행하는 경우에는 대권(Global Note)를 이용하는 경우가 많다.

발행기관이 증권중앙예탁기관(CSD)에 TCN 발행계좌를 개설하는 경우 증권중앙예탁기관을 통해 청산되는 TCN은 Euroclear France를 이용하여야 한다. 발행회사는 지시를 전달하기 위해 선임한 지급대리인을 중앙예탁기관에 통보하여야 하며, 중앙예탁기관은 각 발행회사 별로 별도의 발행계좌를 개설하여야 한다. 중앙예탁기관은 발행된 증권의 수량이 기업어음보유자 명의로 계좌부에 기록된 증권의 수량과 일치 여부를 확인할 책임이 있다.

TCN 발행기관은 유가증권신고서를 제출의무는 없으나 회계 및 재무현황이나 기업어음과 관련한 일정한 정보를 공개할 의무를 부담한다. 신용평가는 의무사항은 아니나 신용평가를 받는 경우에는 프랑스 재정경제부에 등재된 신용평가기관의 신용평가를 받아야 한다. 기업어음의 유통시장은 사실상 존재하지 않으며 발행 후 만기까지 보유하는 경우가 대부분이다. 그리고 만기 1년 이내의 기업어음에 대하여는 원천징수를 하지 않는다.

---

61) 그러나 직접발행을 하고 있는 기관은 GE Capital 등 일부이다.

【그림 2-3. 프랑스의 기업어음(CP) 발행 메커니즘】

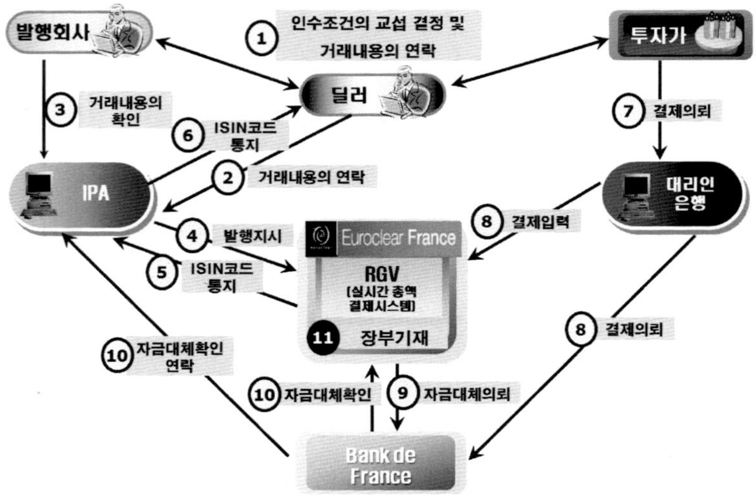

V. 일본의 단기사채시장

1. 단기사채제도의 도입경위

단기금융시장에서 기업어음이 기업자금조달수단의 중핵으로 성장할 것으로 기대되자 일본은 1987년 11월 20일 기업어음을 금융시장에 최초로 도입하였다. 그러나 그 당시 기업어음의 발행자에게는 수치기준과 등급기준이 엄격하게 부과되어 사실상 기업어음을 발행할 수 있는 것은 우량회사나 증권회사로 한정되어 있었다. 또한, 일본은 기업어음의 도입 당시 기업어음의 법적 성격을 사채 또는 어음으로 할 것인지, 혹은 약속어음도 사채도 아닌 새로운 유가증권으로 할 것인지 여부에 대해 검토를 한 바 있다.

그런데 사채제도로 도입하는 경우에는 ① 발행 시마다 이사회의 모집결의가 필요하고, ② 사채발행에 대한 제한 규제가 있으며, ③ 증권거래법에 따른 증권업무규제 및 공시규제의 문제로 인해 기업어음의 특성을 반영할 수 없는 문제점이 있었다. 이에 최종적으로는 은행과 증권회사의 양쪽이 모두 기업어음을 취급할 수 있도록 하겨야 했던 당시의 특수한 상황과 조기도입의 필요성 등을 감안하였다. 그 결과 새로운 법률을 제정하는 대신에 기존 상업어음의 양식과 법적 구조를 이용하는 비교적 간단한 방법인 어음기업어음제도를 차책하게 되었다.

그 이후 부분적인 어음기업어음시장의 개혁이 이루어지기는 하겼으나 어음기업어음의 법적 성질로 인하여 발생하는 본질적 문제 등이 장애가 되어 시장이 크게 발전하지 못하였으며, 오랫동안 기업어음은 한계적인 자금조달수단에 머물고 있었다. 요컨대, 어음기업어음은 약속어음에 해당하여 ① 발행단계에서 실물어음기업어음의 발행사무 부담이 크고, ② 유통단계에서는 권리의 이전·행사가 불편하였으며, ③ 권면의 보관·교부에 동반하는 분실 등의 사고발생 위험성이 상존하고 있었다. 또한, 어음기업어음을 증권예탁결제제도로 수용하려면 내용의 균일성도 필요하였다. 그러나 어음은 액면이나 만기가 같은 것이 다수 발행되어도 권리내용이 각각의 어음 기재사항에 의해 결정되는 등 균일성을 갖기 어려운 문제가 있었다.

이러한 기존 어음기업어음의 문제를 해결하기 위해서는 ① 발행단계에서 실물기업어음 작성사무의 부담경감 등의 효율화가 이루어지고(권면작성이 불필요할 것), ② 유통단계에서는 실물기업어음의 권리이전 및 권면의 이동·교부에 동반하는 리스크의 경감이 이루어지는 등(분할양도가 가능할 것 등) 기업어음에 관한 새로운 법률구성을 검토할 필요가 있었다.

이에 1998년 9월 대기업으로 구성된 '기업의 자금조달원활화에 관한 협의회'가 「기업어음의 발행·유통시장의 개선에 관하여」라는 요청서를 대장성에 제출하였고,[62] 1998년 12월에는 일본경제단체연합회에 '기업어음 무권화검토 위킹그룹'을 설치하였다. 그리고 1999년 4월에는 법무성(민사국)과 대장성(금융기획국) 공동으로 '기업어음의 무권화에 관한 연구회'가 설치되어 기존 어음기업어음의 문제를 심도 있게 검토하였다.

2000년 3월 기업어음의 무권화에 관한 연구회에서는 「기업어음무권화에 관한 연구회보고서」를 발표하였다. 그 보고서의 주요 내용은 기존 실물기업어음의 문제점을 극복하기 위하여 기업어음의 무권화를 추진하되, ① 새로운 기업어음은 기본적으로 기존 기업어음의 상품성을 답습하면서 증권거래법상의 유가증권으로 취급하는 것이 바람직하며, ② 무권화 방식으로는 기존 어음기업어음의 권리발생·이전·행사가 증권의 작성·이전·제시 등에 행하여지는 것처럼 전자적 기록의 작성·송신 등에 의해 행하여지는 전자문서방식보다는 등록기관이 관리하는 등록부에의 등록(Book-entry)을 권리관계의 기초로 하는 '전자등록방식'을 채택하는 것이 타당하다는 내용을 담고 있었다.

이 보고서의 내용을 기반으로 2001년 6월에는 「단기사채 등의 대체에 관한 법률」(이하 '단기사채법'이라 한다)을 제정하여 단기사채

---

62) 그 요청서의 주된 내용은 단기금융시장에서 중심적 역할을 담당할 기업어음시장의 활성화를 위해서는 기동적·효율적인 발행·유통을 안전하고도 원활하게 행할 수 있도록 하기 위해 기업어음의 발행·대체결제시스템의 구축과 무권화를 위한 법률개정이 필요하다는 내용이었다.

제도를 도입하였다. 이 법에 따른 단기사채의 법률적 구성요건은 ①
계약에 의하여 사채총액이 인수될 것, ② 사채의 금액(소유권 이전
단위)이 1억 엔을 초과할 것, ③ 만기가 1년 미만이고 일괄 상환될
것, ④ 상환일에 이자가 지급될 것(zero 쿠폰형), ⑤ 담보부사채신탁
법의 대상이 되지 않을 것(무담보)이다.63)

이러한 일본단기사채제도의 가장 큰 특징은 증권중앙예탁기관인
JASDEC의 단기사채계좌관리구조를 단층구조로 하였다는 점과64)
법률상의 구조로서 상법상의 사채구조를 이용하되, 기존의 사채제도
에 부여되는 여러 제약요건을 제거한 후에 단기사채로서 자리매김하
게 되었다는 점이다. 요컨대, 단기사채는 상품으로서의 경제성 및 회
계처리에 있어서는 기존 어음기업어음과 조금도 바뀐 부분은 없다.
그러나 상법상의 사채로 자리매김하게 되기 때문에 발행 시 이사회
결의나 사채관리회사의 설치 문제 등 무거운 사채법규정의 여러 제
약이 부과되는 문제가 있었다.

이에 단기사채제도의 도입에 있어서는 상법상의 무거운 사채규정
은 벗어나는 것이 필요하다는 공감대가 형성되어 상법상의 사채법
규정의 대부분에 대하여는 적용 예외를 하게 되었다. 그리고 빈번하
게 발행 및 상환이 이루어지는 단기사채의 특성에 적합하도록 하기
위해 증권거래법상 발행등록제제도에 있어서의 공시사항 및 공시방
법에 관한 제도의 저도화와 개선도 이루어졌다.

그 이후 대처제도의 범위를 사채, 국채 등으로 확대하는「사채 등

---

63) 단기사채법 제2조.

64) 당시 일본이 미국 등과 달리 단층구조를 채택한 이유는 기업어음의 결제는 단층
구조를 채택하더라도 충분히 대응할 수 있고, 기업어음은 기관투자자만을 대상
으로 하는 이른바 프로의 거래대상이기 때문에 참가자의 수도 한정되어 있고 리
스크의 관리도 비교적 용이하다는 것이 주된 이유였다.

의 대체에 관한 법률」(이하 '사채대체법'이라 한다)이 2002년 6월 제정되었는데, 동법에서는 계좌관리기관의 탄력적인 사업전개와 국제적인 제휴를 위해 단기사채의 계좌관리구조를 기존의 단층구조(one tier)에서 다층구조(multi-tier)로 전환하였다.

2. 단기사채의 발행현황

단기사채제도의 도입을 통해 기업 등 자금조달자는 발행절차의 효율화와 발행비용을 절감할 수 있게 되었다. 또한, 결제기간의 단축으로 당일자금조달이 가능하게 되었고, 단기사채와 자금의 동시결제실현으로 결제위험을 차단할 수 있게 되었다. 그 외에도 투자자 등 자금운용자는 단기투자운용수단의 다양화가 가능하게 되었고, 실물기업어음에 수반되는 분실·도난위험이나 백오피스(back-office)사무를 경감시킬 수 있게 되었다. 이러한 다양한 이점으로 인하여 일본의 단기금융시장에서 단기사채제도에 대한 시장참가자들의 반응은 매우 우호적이다. 그 결과 어음기업어음에 대한 조세특례조치법상 우대조치65)가 종료된 이후에는 기존 기업어음의 발행량이 급격히 감소하고 단기사채발행량은 급격히 증가하고 있다.66)

---

65) 일본에서는 일권면(一券面)당 인지세 5천 엔이 부과되던 조세특례법상의 우대조치가 2005년 3월 31일부로 종료되어 어음기업어음은 통상의 상업기업어음과 동일하게 취급하게 되었다. 그 결과 어음기업어음을 발행하는 회사에게는 10억 엔을 초과하는 어음권면 1매당 20만 엔의 인지세가 부과되고 있다.

66) 단기사채는 대부분 '소수사모'의 형식으로 발행되고 있으며 공모로 발행되는 사례는 매우 드물다. 2009년 8월 28일 현재 총 발행잔액 17조 2,000억 엔 중 공모발행잔액은 1,400억 엔에 그치고 있다.

【표 2-4. 단기사채 발행잔고 추이】

(단위 : 백만 엔)

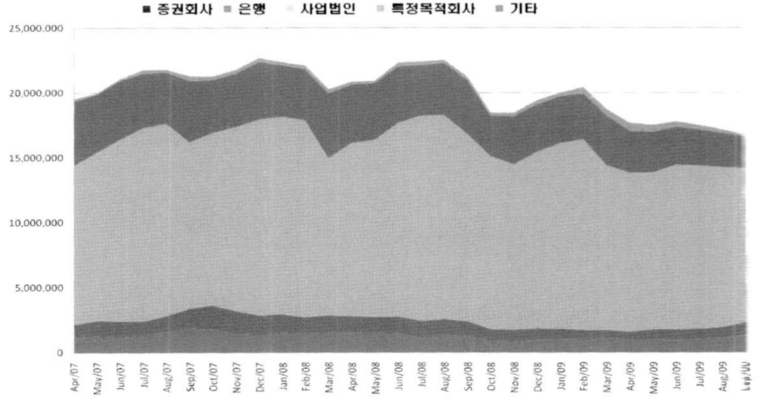

자료출처 : JASDEC

이처럼 일본에서는 2005년 3월 31일부터 종이어음에 대한 인지세 우대조치가 폐지되고,[67) 무권화(Paperless) · 전자화된 단기사채의 편의성에 대한 시장의 공감대가 형성되어 종이어음에 대한 시장 수요는 사실상 소멸되고 있다. 그 결과 최근 일본에서는 기업어음대비 단기사채가 차지하는 비중은 거의 100%에 이르고 있다.

---

67) 2005년 3월 31일 이전어는 액면금액에 상관없이 1매당 5천 엔의 인지세가 부과되었었다. 그러나 인지세 우대조치가 폐지된 2005년 4월 이후에는 최소 2만 엔(액면금액 1억 엔)부터 최고 20만 엔(액면금액 10억 엔 초과)까지 인지세를 부담하게 되어 인지세가 기존에 비하여 최소 4배에서 최대 40배까지 증가하게 되었다.

【표 2-5. 일본의 기업어음대비 단기사채 발행비율】

자료출처: JASDEC

3. 단기사채 인프라

1) 단기사채인프라 구축경과

2001년 6월 '단기사채대체법'이 성립된 이후 일본 CP협의회는 기업재무협의회와 연계하여 단기사채결제시스템의 조기실현을 위하여 노력하였다. 이를 위해 2001년 10월 '전자CP 등의 결제시스템 Grand Design'을 발표하고 단기사채 등의 결제인프라 정비에 관한 제안을 하였다. 이 제안은 동 협의회의 발제·제언하에 일본 경단련의 금융제도위원회에서 채택되었으며 발행자 및 금융기관을 포함한 사용자 측 전체의 제안이 되었다.

그리고 이 제안을 가지고 사용자 그룹 전체적으로 단기사채의 대체기관으로서의 기능구축을 JASDEC에 의뢰하고 시스템 조기개발을 요구하였다. 당시 일본의 CP협의회는 '이상적인 결제시스템'의 요건으로 ① 발행·유통·원리금지급과 관련한 업무부담의 경감, ② 결제리스크의 축소, ③ 현금의 효율적 조달·운용, ④ 저비용의 안전한 결제인프라의 조기실현, ⑤ 상품범위의 확장도를 감안한 결제시스템의 실현으로 정하였다. 그 이후, 일본증권업협회는 2001년 11월 'CP의 DVP 결제구조 검토 Task Force(T/F)'를 설치하여 검토하였다. 그리고 이 T/F에서는 같은 해 12월 단기사채의 증권 및 대금의 동시결제(DVP) 단기대응에 관한 논점을 정리하여 시장관계자의 합의로서 단기사처결제시스템의 구축을 JASDEC에 요청하였다.68)

JASDEC에서는 이러한 요청에 대하여 신규업무의 취급개시 여부 등에 대하여 검토하는 JASDEC 신규업무검토위원회의 산하에 'CP 실무검토 워킹그룹'을 2001년 12월 설치하였다. 그리고 2002년 1월부터 워킹그룹에서 집중적인 논의를 거쳐 동년 3월 '단기사채대체제도의 기본요강'을 정리하였다. 이 기본요강에서는 단기사채대체제도가 취급대상으로 하는 단기사채의 범위, 제도이용자의 참가형태, 단기사채의 발행·대체·상환에 있어서 증권 및 대금의 동시결제(DVP)의 절차 흐름 등 기본적인 구조를 마련하였다.

그 이후에도 워킹그룹을 계속 개최하고 시스템 개발 시 이용자의 의견을 반영할 필요가 있는 항목의 도출작업을 실시하면서 시스템 기본설계·개발을 병행추진함으로써 단기간 내에 시스템 가동의 달성을 목표로 하였다. 또한, 사용자인 시장관계자 측에서는 전국은행연합회 및 기타 관련 '단기금융시장 거래활성화연구회' 등에서 시장관행 정비에 대한 검토가 이루어지면서 실무 규정의 작성도 이루어져 단기사채의 가동환경이 정비되었다.

---

68) 이 요청내용에는 2002년 중 가능한 빠른 시기에 JASDEC이 시스템사양을 공표한 후 2002년 중에 DVP에 의한 단기사채결제시스템 가동을 목표로 한다는 내용이 포함되어 있었다.

2) 단기사채인프라구조

　일본의 단기사채대체제도는 단기사채를 무권화하고 그 권리의 발생·이전·소멸을 컴퓨터시스템상의 대체계좌부에 기록하는 구조를 취하고 있다. 이처럼 일본의 단기사채제도는 완전전자화방식을 채택하여 어음작성사무·보관비용, 분실이나 도난위험을 제거하고 있다. 또한, 발행·유통·상환 등의 모든 단계에서 BOJ-Net과 연계하여 Gross-Gross(증권과 대금의 총량) 방식의 동시결제를 실현하여 원본리스크의 제거를 꾀하고 있다. 그 외에도 시스템적으로 약정에서 발행까지의 주기를 당일(T+0)로 단축하여 기업의 자금조달 및 투자자의 자금운용에 있어 인프라가 크게 변모되었다.

【그림 2-4. 단기사채의 발행 메커니즘】

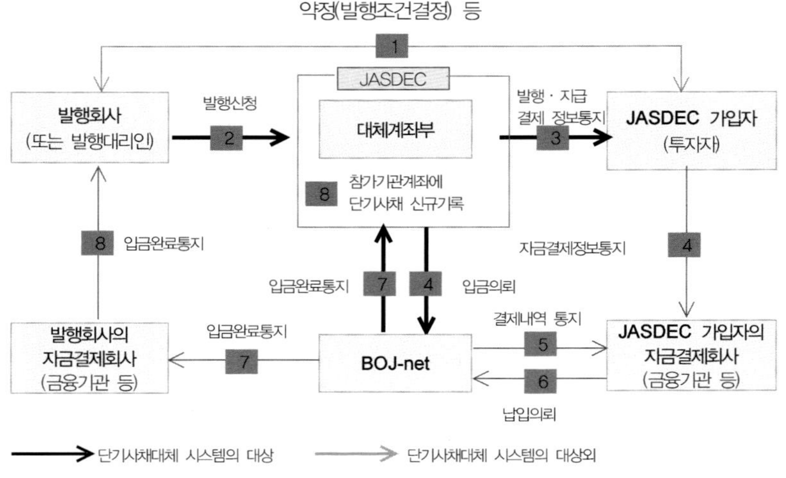

출처: JASDEC 홈페이지

4. 단기사채제도의 특징

일본의 단기사채제도는 1999년 일본정부가 공약으로 법제적인 측면의 검토에 착수한 이러 4년에 걸쳐서 정부 당국·학계·기업·시장참여자 등 관련자들이 검토를 거듭하여 실현된 제도이다. 일본 단기사채제도의 주요 특징을 살펴보면 다음과 같다. 첫째, 일본은 2001년 6월 단기사처의 대체에 관한 법률을 제정하면서 단기사채라는 새로운 개념을 도입하였다는 점이다. 둘째, 단기사채를 완전히 전자화하여 실물발행사무·실물보관비용을 절감하고 실물분실이나 도난위험을 원천적으로 제거하였다는 점이다. 셋째, 단기사채의 발행·유통·상환의 모든 단계에서 중앙은행의 지급결제시스템(BOJ-Net)과 연계하여 증권 및 대듬의 동시 결제를 실현하였다는 점이다. 넷째, 이사회결의로 대도이사에게 발행을 위임하여 대표이사가 필요 시 발행한도 내에서 수시로 발행할 수 있도록 하여 발행절차를 간소화하였다는 점이다. 다섯째, 종래 권면(券面)단위이었던 것을 각 사채의 금액단위로 소액화하여 유통을 촉진하였다는 점이다. 여섯째, JASDEC으로 하여금 단기사채의 종목정보를 홈페이지에 공시하도록 의무화하여 단기사채시장의 투명성을 제고하는 동시에 투자자보호를 도모하였다는 점이다.69) 일곱째, 일본금융상품거래법상 유가증권에 해당하는 사채에 다하여는 은행의 인수가 제한되나 기존의 어음과 유사한 성질을 가지고 있는 점을 감안하여 단기사채에 대하여는 은행에 대하여도 할인, 매출 기관으로 허용하였다는 점이다.70)

---

69) JASDEC은 홈페이지에 종목명, ISIN코드, 발행자명, 각 단기사채의 금액, 단시
　　사채의 총액, 기상환잔액(공모의 경우)를 공시하여야 한다. 그러나 이율과 상환
　　일은 공시대상에서 제외된다.

【표 2-6. 한국, 미국, 일본의 기업어음(단기사채)시장 비교】

구 분	한국(주1)	미국(주2)	일본(주3)
① 시장규모	· 약72조 원	· 약 3,250조 원(45배)	· 약 260조 원(3.6배)
② 발행자구성 비율	· 파이낸스(18%) · ABCP(42%) · 일반법인(40%)	· 파이낸스(40%) · ABCP(30%) · 일반법인(18%)	· 파이낸스(40%) · ABCP(25%) · 일반법인(25%)
③ 딜러	· 상업은행(90% 정도 점유)	· 증권회사(80~90% 점유)	· 상업은행(60% 정도 점유)
④ 투자가	· 상업은행(32%)주4 · 증권회사(27%) · 펀트 등 증권관게기관(38%) · 기타(3%)	· MMF(27%) · 투자회사(26%) · 정부(8%) · 기타(39%)	· 상업은행(35%) · 일반법인(31%) · MMF · MRF(17%) · 기타(17%)
⑤ 딜러/직접 발행	· 딜러 발행이 압도적으로 많음	· 딜러 발행이 직접발행을 약간 상회	· 딜러 발행이 압도적으로 많음
⑥ 신용등급별 잔고	· a.1+,a.1가 대부분(79%)	· a.1+,a.1가 주류	· a.1+,a.1가 대부분
⑦ 발행기간	· 1Week~3Month	· 1Week~1Month	· 1Week~2Month
⑧ 단기사채인 프라	· KSD(한국예탁결제원) · 전자단기사채시스템 구축 중	· DTCC(예탁결제기관) · Book-Entry System	· JASDEC (보관대체기구) · 단기사채대체시스템
⑨ 2차 시장	· 두터움	· 얇음	· 두터움
⑩ Backup Line	· 소수의 기업이 보유	· 많은 기업이 보유	· 소수의 기업이 보유
⑪ 발행 금리 환경 차이	· KORIBOR: CD금리 +α	· LIBOR 이하의 수준정착	· 엔 TIBOR 근방
⑫ 그외	· 전화 약정(PIM도업 여부 결정)	· 정보 벤더상에서의 약정(PIM)	· 전화 약정

주 1) 한국예탁결제원 2008년 12월 31일 CP 발행 정보 기준
　　2), 3) 출차-미쓰비시 도쿄 UFJ 은행 작성, Standard &Poors의 a-1+,a-1등급은 Moodys의 P-1에
　　　　상당(2007년 7월 25일)
　　4) 증권관계기관은 법상 관계기관 및 간접투자기구, 외국법인은 외국법인(증권회사 은행 등), 기타는
　　　　연기금, 종금 및 금고, 보험회사, 외국법인 포함

---

70) 단기사채는 금융상품거래법상 증권으로 취급되기 때문에 증권회사가 모집, 매출
할 수 있으며, 공모인 경우에는 유가증권신고서를 제출하여야 한다.

제3장 전자단기사채법 축조해설

제1절 전자단기사채법 개관

Ⅰ. 전자단기사채법의 제정배경 및 주요특징

1. 전자단기사채법의 제정배경

기업어음(CP)은 간편한 발행절차와 신속성, 광범위한 투자수요와 익명성 등의 여러 장점으로 인하여 기업의 중요한 자금조달수단으로 이용되어 왔다. 투자자의 입장에서도 기업어음을 Call, RP, CD와 더불어 중요한 단기자금운용수단의 하나로 이용하고 있다. 그러나 이러한 기업어음은 「어음법」상 약속어음에 해당하기 대문에 실물발행이 강제되고 곤면분할유통도 불가능하다. 이에 따라 기업어음 유통시장의 발전 및 기업어음 발행정보의 투명성 제고에는 한계가 있었다. 특히, 발행 및 유통정보가 이해관계자에게 적시에 투명하게 제공되지 않아 투자자보호에 미흡한 면이 있었다.

그리는 이러한 발행 및 유통정보의 불투명성은 국제금융위기 등으로 인한 신용경색 시에는 금융시장 전반에 악영향을 줄 우려가 있다. 이는 과거 국제통화기금(IMF) 관리시절에 대우그룹을 비롯한 많은 기업들이 기업의 단기상환능력을 초과하여 기업어음을 대량 발행하여 금융기관과 투자자가 큰 피해를 입힌 사례를 통하여 입증된 바 있다. 그리고 이러한 상황은 지난 2003년 신용카드사 사태 때 다시 한번 경험한 바 있다. 특히, 최근에는 침체된 부동산 경기의 영향을 받은 건설회사들이 발행한 기업어음의 부실화가 금융시장의 불안요인으로 작용하고 있는 상황이다.

이에 금융시장참가자들을 중심으로 기존 기업어음제도의 개편 필요성에 대한 논의가 지속적으로 제기되어 왔다. 이러한 시장의 요구에 부응하기 위해 정부는 2002년도에 일본이 도입하여 운영하고 있는 단기사채제도를 벤치마킹하여 발행·유통·상환 등의 모든 과정을 전자적으로 처리하고 발행 및 유통정보의 투명성을 제고할 수 있는 전자단기사채제도를 2010년 7월 도입하였다. 이처럼 전자단기사채제도는 본질적으로 기업금융시장의 균형적인 발전과 단기자금시장 활성화 및 투명성 제고를 위한 제도로서, 단기자금조달이라는 기업어음 본연의 경제적 목적과 실질은 그대로 유지하면서, 기존의 기업어음이 갖고 있는 문제점을 보완하기 위한 제도라고 할 수 있다.

이러한 전자단기사채제도의 특성을 반영하여 전자단기사채법은 현행 기업어음의 상품성을 유지하기 위하여 상법에 대한 특례를 규정하고 있다. 또한, 무권화를 위한 발행 및 유통제도를 두어 종래의 기업어음 실물의 교부에 의해 권리이전을 하는 경우와 동일하게 유통성을 확보할 수 있도록 하고 있다. 요컨대, 전자단기사채법은 ① 현행 기업어음의 이중적인 법적 지위에 따른 문제점을 해소하고, ② 기업어음과 관련한 해외 입법례와 전자화 추세를 반영하였으며, ③ 자본시장법상 기업어음증권관련 규제 폐지에 따른 일부 부작용 해소 등을 해결하기 위하여 제정된 법이라고 할 수 있다.

2. 전자단기사채법의 주요특징

첫째, 전자단기사채는 기업어음을 대체할 '전자단기사채'의 법적 성격을 '사채'로 일원화하여 그간 이중적 지위로 인해 발생되었던 문제점을 해소하였다. 또한, 전자단기사채와 관련된 당사자들인 ① 전자단기사채의 발행자(기업), ② 전자단기사채의 매입자(고객), ③ 전자단기사채를 등록하고 이를 관리할 등록기관(한국예탁결제원) 및 계좌관리기관(은행, 보험사, 투자중개업자 등 금융기관)을 정의하고, 그들의 계좌개설과 관련된 기술적인 문제 등을 규정하였다.

둘째, 현행의 기업어음은 발행자가 어음용지에 발행내역을 기입하고 이를 금융기관 등을 통해 매도하거나 양도하는 방식을 취하고 있다. 그러나 전자단기사채의 발행 및 유통은 한국예탁결제원이 발행자로부터 발행정보를 받아 발행등록을 하거나 양도자로부터 신청을 받아 양도등록(계좌 간 대체등록)71)을 하는 등 전자적 방식을 채택하고 있다. 이 경우 등록기관인 한국예탁결제원으로 하여금 발행자를 관리하는 계좌부와 매입자들을 관리하는 계좌부들을 작성하도록 하여 발행 총 현황 등 전자단기사채와 관련된 정보를 양성화·투명화하였다.

셋째, 현재 기업어음의 경우에는 ① 매수자가 기업어음을 은행에 제시 → ② 은행은 이를 어음교환소에 회부 → ③ 어음교환소가 결제내역을 지급은행에 통지 → ④ 지급은행이 발행회사에 지급지시 → ⑤ 발행회사가 지급은행에 상환대금을 납입하는 등의 복잡한 절차를 거치고 있다. 그러나 전자단기사채의 상환방식은 ① 투자자의 신청에 따라 한국예탁결제원이 발행회사에 상환청구 → ② 발행회사가 상환대금을 납입하는 구조로 단순하게 전환하여 기업어음 상환절차를 대폭 간소화하였다.

넷째, 권리자가 한국예탁결제원을 통해 원리금 수령 등 전자단기

---

71) 그 외에 전자단기사채 상 질권이나, 신탁을 등록하는 것도 전자등록한다(전자단기사채법 제10조, 제11조).

사채에 대한 권리를 행사할 수 있음을 규정하였다. 그런데 필요한 경우에는 채권자증명서를 발급받을 수 있도록 하여 권리자가 자신의 지위를 입증할 수단을 마련해 주었다. 이를 통해 채권자가 완전 무권화·전자화된 전자단기사채 등에 대한 권리를 증명하거나 권리를 행사하고자 할 경우 채권자로서의 지위를 입증할 수 있도록 하였다.

다섯째, 실제로 존재하는 전자단기사채보다 계좌부 상에 표시된 양이 많은 경우, 이를 그대로 두게 되면 존재하지 않는 권리를 행사하는 등 거래 안정성이 교란되고 발행자가 발행하지 않은 부분까지 책임지게 될 수 있다. 이에 따라 전자단기사채법에서는 장부상 초과하여 기록된 부분은 말소한다는 원칙을 규정하였다. 그런데 일정사유로 초과부분이 말소되지 않은 부분이 발생하는 경우에는 ① 계좌관리기관이나 한국예탁결제원 등이 발행자 대신 해당 초과분에 대한 원리금을 지급의무를 이행하고, ② 책임자에게 구상권을 행사할 수 있도록 하였다.

여섯째, 금융감독원 또는 금융위원회가 한국예탁결제원 또는 계좌관리기관에 대하여 검사 및 조치를 할 수 있도록 하였다. 또한, 전자단기사채법을 위반할 경우에는 처벌되도록 하여 해당 기관 및 임직원들의 업무가 보다 철저히 이루어질 수 있는 견제장치를 마련하였다. 한편, 전자단기사채에 '사채' 관련 상법 규정 등을 모두 적용되게 되면 본래 신속한 단기자금 조달을 위해 특별히 고안된 제도의 특성이 매몰될 가능성이 있다. 이에 전자단기사채법에서는 현행 기업어음과 동일하게 발행절차나 한도, 사채권자 집회 등에 대한 특례를 규정하였다.

Ⅱ. 전자단기사채법의 구성체계 및 주요내용

1. 전자단기사채법의 구성체계

전자단기사채법은 본문 37조, 부칙 및 별표 1, 2로 구성되어 있다. 본문은 총칙(제1장)을 비롯하여, 전자단기사채 관련 계좌의 개설 및 등록업무규정에 관한 사항(제2장), 전자단기사채의 발행 및 등록에 관한 사항(제3장), 전자단기사채 등에 대한 권리행사의 방법(제4장), 권리자 보호에 관한 사항(제5장), 관련기관에 대한 검사 및 감독규정 (제6장), 보칙 및 벌칙(제7장 및 제8장) 등으로 이루어져 있다.

【표 3-1. 전자단기사채법의 구성체계】

장	구분	주요 내용
1	총칙	• 목적(§ 1), 정의(§ 2), 다른 법률과의 관계(§ 3)
2	계좌개설 및 등록 업무규정	• 계좌 개설(§ 4~§ 6) 및 등록업무규정(§ 7)
3	등록 및 등록효력	• 등록 절차(§ 8~§ 12), 효력(§ 13), 실물증권 발행 금지(§ 14)
4	권리 행사	• 권리 행사(§ 15) 및 채권자증명서(§ 16), 소유내용통지(§ 17), 권리내용 열람(§ 18)
5	권리자 보호	• 초과분에 대한 말소의무(§ 19), 초과분에 대한 권리행사제한 (§ 20), 정보 보안 등(§ 21~§ 25)
6	검사 및 감독	• 예탁결제원 등에 대한 검사(§ 27) 및 조치(§ 28 · § 29)
7	보칙	• 상법에 대한 특례(§ 30~§ 32), 발행내용의 공개(§ 33)
8	벌칙	• 벌칙, 양벌규정 및 과태료(§ 35~§ 37)
	부칙	• 시행일

2. 전자단기사채법의 주요 내용

1) 전자단기사채의 정의(법 제2조)

전자단기사채제도는 중장기적으로 기업어음을 대체하는 자금조달
수단으로 도입되는 제도이다. 이런 점을 감안할 때 전자단기사채제
도의 적용대상 채무증권의 범위를 명확하게 규정할 필요가 있다. 이
에 전자단기사채법에서는 현행 기업어음의 대체수단으로서의 상품성
을 유지하기 위하여 전자단기사채의 최소발행금액(1억 원 이상), 만
기(1년 이내) 등 전자단기사채가 갖추어야 할 요건을 기업어음의 특
성에 부합하도록 규정하였다. 아울러, 전자단기사채의 적용대상을 현
재 기업어음과 유사한 발행조건을 갖는 채무증권으로 제한하여 전자
단기사채제도의 실효성을 확보하였다.

구체적으로 전자단기사채법에서는 "전자단기사채(電子短期社債)
란 자본시장법 제4조 제3항에 따른 채무증권인 사채권으로서 ① 각
사채금액이 1억 원 이상일 것, ② 만기 1년 이내일 것, ③ 사채금액
을 한꺼번에 납입할 것, ④ 만기에 원리금 전액을 한꺼번에 지급한
다는 취지가 정하여져 있을 것, ⑤ 사채에 전환권(轉換權), 신주인
수권, 그 밖에 다른 증권으로 전환하거나 다른 증권을 취득할 수 있
는 권리가 부여되지 아니할 것, ⑥ 사채에 담보부사채신탁법 제4조
에 따른 물상담보를 붙이지 아니할 것의 요건을 갖추고 이 법에 따
라 등록된 것"으로 정의하고 있다. 이와 함께 공기업들이 발행하는
특수채 등도 이러한 전자단기사채의 요건을 갖추는 경우에는 이 법
안에 따라 등록발행할 수 있도록 하고 있다.

【표 3-2. 전자단기사채의 요건】

① **(최소금액)**
각 사채의 금액이 1억 원 이상 일 것
  - 일반투자자의 소액참가를 제한하고, 전문투자자 중심의 시장 육성을 도모
  - 주요국 사례: 일본(¥1억 이상), 미국($10만 이상), 영국(£10만 이상)

② **(만기한도)**
만기가 1년 이내일 것
  - 투자자는 단기 신용리스크만 부담할 필요
  - 주요국 사례: 일본(1년), 미국(270일), 프랑스ㆍ독일ㆍ영국 등1년)

③ **(전액ㆍ일시납입)** 사채 금액을 한꺼번에 납입할 것
  - 분할납입에 따른 납입의무의 일부 불이행, 납입전의 유통가능성 등을 제거

④ **(전액ㆍ일시상환)**
만기에 원리금 전액을 한꺼번에 지급한다는 취지가 정해져 있을 것
  - '단기채권'에 해당하므로 원금과 이자의 상환일을 달리할 실익이 없음을 감안

⑤ **(주식관련 권리부여금지)** 사채에 전환권, 신주인수권, 그 밖에 다른 증권으로 전환
하거나 다른 증권을 취득할 수 있는 권리가 부여되지 아니할 것

⑥ **(담보설정금지)**
사채에 「담보부사채신탁법」에 제4조에 따른 물상담보를 붙이지 아니할 것
  - 물상담보를 붙일 경우 신탁회사에 의한 관리ㆍ감독의 필요성으로 인해 사채권자집
  회의 소집 및 운영이 불가피해짐을 고려

※ ③~⑥: 현행 기업어음 수준으로 권리ㆍ의무관계를 단순화

2) 전자단기사채제도의 운영주체 및 관리체계
(법 제4조부터 제6조)

전자단기사채제도는 전자적인 방식으로 운영되는 제도이므로 제도
운영을 위한 운영주체와 참가자 등을 명확히 할 필요가 있다. 전자
단기사채제도에서는 등록기관(한국예탁결제원) 및 계좌관리기관이 제
도의 운영주체가 된다. 등록기관은 기본적으로 ① 전자단기사채제도
의 참가자 관리, ② 전자적으로 발행되는 전자단기사채에 관한 발행
및 유통정보의 관리 및 공시, ③ 전자단기사채 등에 대한 권리행사
등을 담당하게 된다.72) 이에 비하여 증권예탁결제제도에서 고객분

예탁증권을 관리하는 기관들이 대부분 계좌관리기관이 되는데,73) 이 기관들은 자신의 고객에 대하여 전자단기사채의 등록 및 등록계좌의 관리에 관한 업무를 수행하게 된다.74)

전자단기사채의 발행인 또는 권리자는 제도의 운영주체인 한국예탁결제원 또는 계좌관리기관에 계좌를 개설하여 전자단기사채를 발행하거나 권리를 취득하게 된다. 이 경우 전자단기사채의 운영을 위해 등록기관 및 계좌관리관이 관리하는 계좌는 총 4가지이다. 첫째, '발행인관리계좌'인데. 이는 전자단기사채 등의 발행인이 전자단기사채 등의 발행내용을 관리하기 위해 등록기관에 계좌를 개설하는 계좌이다.75) 둘째, '계좌관리기관등자기계좌'로서 이는 계좌관리기관 등이 전자단기사채 등을 보유, 질권설정 그 밖에 권리를 가지기 위해 등록기관에 개설하는 계좌이다. 셋째, 일반투자자가 전자단기사채 등을 보유, 질권설정 그 밖에 권리를 가지기 위해 계좌관리기관에 개설하는 '고객계좌'가 있다.76) 마지막으로 '고객관리계좌'가 있는데,

---

72) 전자단기사채제도는 현행 증권예탁결제시스템을 기반으로 하고 있다. 따라서 증권중앙예탁기관(CSD)인 한국예탁결제원 이외의 기관이 등록업무를 수행하는 것은 시스템 구축비용 등을 감안할 때 효율성이 매우 낮다. 외국의 사례를 보더라도 미국, 영국, 프랑스, 일본 등은 모두 증권중앙예탁기관이 해당 업무를 수행하고 있다.

73) 현행 증권예탁결제제도에서 고객분 예탁증권을 관리하고 있는 기관들은 대부분 계좌관리기관으로 참가 가능하며, 은행법에 따른 금융기관, 보험업법에 따른 보험회사, 자본시장법에 따른 투자중개업자, 외국예탁결제기관 등이 이에 해당한다.

74) 전자단기사채의 발행인 및 권리자는 제도의 운영주체인 등록기관 및 계좌관리기관에 계좌를 개설하여 전자단기사채를 발행하거나 권리를 취득하게 된다.

75) 발행인관리계좌에는 발행인의 명칭, 발행인이 발행한 전자단기사채의 종류, 종목 및 종목별 금액 등을 기록하게 된다.

76) 고객계좌는 전자단기사채에 대한 권리가 귀속되는 계좌로서 권리자의 성명, 발행인의 명칭, 전자단기사채의 종류 및 종목, 종목별 금액, 질권, 신탁, 처분제한에 관한 사항을 등록하게 된다.

【그림 3-1. 계좌개설 흐름도[77)]】

이는 계좌관리기관이 자신의 고객계좌부에 등록된 총금액을 관리하기 위하여 등록기관에 개설하는 계좌이다.[78)79)]

---

77) 고객 A와 관련한 계좌개설절차를 구체적으로 살펴보자. A가 계좌관리기관 甲에서 고객계좌를 개설하면 甲은 A 고객계좌부를 작성하게 된다. 그리고 甲은 다시 A를 비롯한 다수의 고객계좌부에 등록된 총액을 관리하기 위해 한국예탁결제원에 고객관리계좌를 개설하게 된다. 이 경우, 한국예탁결제원은 甲의 고객관리계좌부를 작성하도록 구성되어 있다. 이는 계좌관리기관 乙 자신이 고객이 되고자 할 경우 한국예탁결제원에 직접 자기계좌를 개설하고, 한국예탁결제원은 乙의 자기계좌부를 만드는 것과는 구별된다.

78) 이 계좌는 개별 고객계좌에 등록된 전자단기사채의 총량과 등록기관에 개설된 해당 계좌관리기관의 고객관리계좌 수량의 일치 여부를 확인하여 계좌관리기관과 등록기관의 오 기재를 방지 및 확인하기 위한 계좌이다. 이러한 고객관리계좌에는 계좌관리기관의 명칭, 전자단기사채의 종류·종목 및 종목별 금액 등록 기록하게 된다.

79) 고객 A와 관련한 계좌개설절차를 구체적으로 살펴보자. A가 계좌관리기관 甲에서 고객계좌를 개설하면 甲은 A 고객계좌부를 작성하게 된다. 그리고 甲은 다시 A를 비롯한 다수의 고객계좌부에 등록된 총액을 관리하기 위해 한국예탁결제원에 고객관리계좌를 개설하게 된다. 이 경우, 한국예탁결제원은 甲의 고객관리계좌부를 작성하도록 구성되어 있다. 이는 계좌관리기관 乙 자신이 고객이 되고자 할 경우 한국예탁결제원에 직접 자기계좌를 개설하고, 한국예탁결제원은 乙의 자기계좌부를 만드는 것과는 구별된다.

3) 전자단기사채 등의 발행, 유통 및 말소
(법 제8조부터 제12조)

전자단기사채제도는 실물증권의 발행 없이 전자적 계좌부에의 기록에 따라 권리가 창설, 유통 및 소멸되므로 이를 위한 절차를 명확하게 마련할 필요가 있다. 기본적으로 전자단기사채를 발행하려는 자는 등록기관에 통지하여 계좌등록의 방식으로 발행하여야 한다.[80] 그리고 이렇게 발행된 전자단기사채의 권리이전, 질권설정·말소, 신탁재산의 표시·말소 등은 권리자가 해당 전자단기사채가 등록된 기관에 신청하여 계좌등록을 통하여 처리하여야 한다.

전자단기사채의 신규발행 시에 하게 되는 '발행등록'은 ① 발행인이 등록기관에 발행내역을 통지하면, ② 등록기관은 발행내역을 발행인관리계좌에 기록하고, ③ 등록기관 및 계좌관리기관이 인수인의 계좌에 등록하는 방식으로 이루어진다.

'계좌 간 대체등록'은 ① 등록된 전자단기사채를 양도하고자 하는 자가 양도내역을 명시하여 해당 전자단기사채가 등록된 기관에 신청하게 되며, ② 해당 신청을 접수한 기관은 양도인의 계좌에서 양수인의 계좌로 계좌 간 대체등록 하게 된다. 그리고 ③ 계좌 간 대체등록으로 인하여 해당 기관에 등록된 전자단기사채의 총량이 변화하는 경우에는 고객관리계좌에 변경내역을 기록하게 된다.

'질권설정(말소)등록'과 '신탁재산의 표시(말소)등록'은 ① 등록된 전자단기사채에 질권을 설정(말소)하고자 하는 자 또는 신탁재산인

---

[80] 전자단기사채의 발행총량은 발행인관리계좌부, 계좌관리기관등의 인수분은 계좌관리기관등자기계좌부, 고객인수분은 고객관리계좌부(개별권리자 보유총량)와 고객계좌부(개별권리자 권리내용)에 각각 기록 또는 등록하여야 한다.

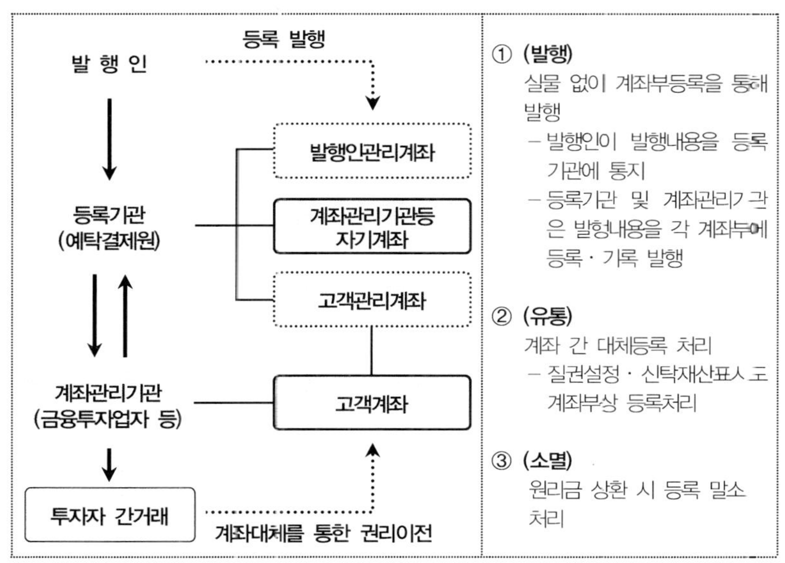

전자단기사채의 발행, 유통 및 소멸흐름도

뜻을 표시(말소)하고자 하는 자가 해당 전자단기사채가 등록된 기관에 신청하게 되며, ② 해당 기관이 질권을 설정(말소)하거나 신탁재산을 표시(말소)하는 등록을 처리하는 방식으로 이루어지게 된다.[81]

4) 등록의 효력(법 제13조)

등록이란 한국예탁결제원(등록기관) 또는 계좌관리기관이 전자단기사채 등에 대한 권리내용을 고객계좌부 등에 전자적 방식으로 기록하는 것을 말한다.[82] 그리고 이러한 등록에 대하여는 ① 권리추정

---

81) 이러한 등록 외에도 등록기관 및 계좌관리기관은 원리금 및 상환금의 지급 등 권리행사로 인하여 해당 전자단기사채에 대한 권리가 소멸한 경우에는 해당 전자단기사채의 등록을 직권으로 말소할 수 있다.

의 효력, ② 권리양도의 효력, ③ 질권설정의 효력, ④ 신탁의 대항
요건 효력, ⑤ 선의취득의 효력 등이 부여되게 된다.

첫째, 고객계좌 또는 계좌관리기관등자기계좌에 등록된 자는 해당
전자단기사채 등에 대한 권리를 적법하게 가지는 것으로 추정된다
(권리추정력). 실물증권이 발행된 경우에는 '점유(占有)라는 공시방
법에 의해 권리추정력이 인정된다. 그러나 전자등록제도에서는 '계
좌부상의 등록'이 권리의 유일한 공시방법이다. 따라서 계좌부에 등
록된 사실에 대하여 권리추정력을 인정할 필요가 있다.83)

둘째, 전자단기사채 등의 권리양도는 계좌 간 대체의 등록을 하여
야 그 효력이 발생한다(권리양도효력). 전자등록제도에서 이루어지는
전자단기사채의 양도에 대하여는 실물증권이 발행된 경우와 동등한
유동성을 확보할 필요가 있다. 이에 전자단기사채법에서는 양수인의
계좌부상 증가기록에 대하여 전자단기사채 양도의 효력 및 대항요건
을 인정한 것이다.

셋째, 전자단기사채 등을 질권의 목적으로 하는 경우에는 고객계
좌부 등에 등록하여야 질권설정의 효력이 발생한다(질권설정효력).
전자등록제도하에서 이루어지는 전자단기사채의 입질(入質)에 대하
여는 실물증권이 발행된 경우와 동등하게 유동성을 확보할 필요가
있다. 이에 전자단기사채법에서는 계좌부상에 질권내역을 등록하여
전자단기사채에 대한 입질의 효력요건을 갖추도록 하고 있다.

---

82) 전자단기사채법에 따라 등록된 전자단기사채 등에 대해서는 실물 증권(證券)을
발행할 수 없다(전자단기사채법 제14조).

83) 그러나 이 경우에도 고객관리계좌는 단지 계좌관리기관이 관리하는 고객계좌상
의 전자단기사채 수량의 정확성을 파악하기 위한 단순관리목적의 계좌에 해당
한다. 따라서 등록기관이 관리하는 계좌관리기관명의의 고객관리계좌에 대하여
는 권리추정력이 인정되지 않는다.

넷째, 전자단기사채 등을 신탁하는 경우에는 고객계좌부 등에 신탁재산인 사실을 등록하여야 제3자에 대항할 수 있다(신탁의 대항요건 효력). 전자단기사채에 대하여도 증권예탁제도상의 예탁증권과 같이 계좌부상에 신탁재산이라고 표시(기록)하여 신탁관계를 공시하는 것이 거래의 안전성 확보차원에서 바람직하다. 이에 전자단기사채법은 신탁법 제3조(신탁의 공시)의 특칙으로 계좌부에의 등록을 제3자 대항요건으로 정하고 있다.

다섯째, 고객계좌부 등을 선의로 중대한 과실 없이 신뢰하고 등록된 자는 그 권리를 적법하게 취득하게 된다(선의취득). 전자단기사채 제도에서 계좌부의 기재에 대하여 공신력을 부여하지 않는다면 양수인은 일일이 양도인의 실질적인 권리 유무를 조사하여야 한다. 그런데 이 경우에는 전자단기사채의 유동성이 현저히 저하되게 된다. 이런 측면에서 '계좌부상의 기재'라는 외관을 신뢰한 선의의 제3자를 보호하기 위하여 전자단기사채법에서는 선의취득의 법리를 인정하고 있다.

5) 전자단기사채에 대한 권리행사(법 제15조부터 제18조)

전자단기사채권자는 등록기관이나 계좌관리기관이 관리하는 계좌부에 등록된 전자단기사채에 대하여 직접권리를 취득한다. 따라서 원칙적으로는 전자단기사채발행인에 대하여 모든 권리를 직접행사할 수 있다. 그러나 모든 전자단기사채권자가 개별적으로 권리를 행사하게 되면 발행회사의 사무부담과 업무처리 측면에서 비효율적이다.

따라서 권리자가 전자단기사채에 대한 원리금청구나 이의자 신청 등 전자단기사채에 대한 권리를 행사하기 위한 절차를 마련할 필요가 있다. 이를 위해 전자단기사채법에서는 권리자가 등록기관을 통하여 원리금수령 등 권리행사가 가능하도록 규정하고 있다. 그런데 권리자가 등록기관을 통하여 권리를 행사하고자 하는 경우에는 권리행사의 뜻과 내용을 명시하여 등록기관에 신청하여야 하며, 일반투자자는 계좌관리기관을 거쳐 그 뜻을 신청하여야 한다.

그 외 전자단기사채 발행인의 합병 등으로 인하여 발행자의 책임재산에 대하여 변동 등이 발생할 경우에는 상법상 채권자보호절차에 따라 채권자를 보호할 필요가 있다. 이 경우 개별채권자가 전자단기사채의 발행자에 대하여 직접적인 권리행사를 하기 위해서는 발행인 등에게 자신이 권리자임을 증명할 필요가 있다. 이에 전자단기사채법에서는 권리자가 자신이 계좌를 개설한 기관에 채권자증명서의 발행 등을 신청할 수 있도록 하고, 동 증명서를 가지고 전자단기사채 발행인 등에 대하여 채권자로서 권리를 행사할 수 있도록 하고 있다.[84]

6) 전자단기사채제도의 안정성 확보 및 정보보호
(법 제19조부터 제26조)

전자단기사채제도의 안정적인 운영을 위해서는 권리자보호 및 정보보호를 위한 제도적 장치를 마련할 필요가 있다. 이를 위해 등록기관과 계좌관리기관은 각각 매 영업일 영업시간 종료 후 전자단기사채 등의 금액을 종류·종목별로 대조 확인하도록 하고 있다. 그리고 그러한 확인결과 초과분이 발생한 경우에는 해당 계좌관리기관

---

[84] 그 외에도 권리자와 발행인은 자신의 권리내용 또는 발행내용을 등록기관(한국예탁결제원) 또는 계좌관리기관의 정보통신망을 통해 열람·출력 및 복사를 할 수 있도록 하고 있다.

또는 등록기관이 그 초과분에 대한 등록말소의무를 부담하도록 하고 있다. 이때 부족분이 있는 경우에는 권리자를 확인하여 정정기재로 해결하게 된다. 그러나 등록기관이나 계좌관리기관이 등록말소의무를 이행하지 못한 경우에는 등록기관이나 계좌관리기관이 발행인을 대신하여 초과분과 관련된 채무를 우선 부담한 후 초과분 발생에 대해 책임 있는 자에게 구상권을 행사할 수 있도록 하였다.

한편, 초과등록발생에 책임이 없는 전자단기사채의 발행인이 자신이 발행한 채권금액 이상으로 상환의무를 부담하지 않도록 할 필요가 있다. 이를 위해 초과등록이 발생한 등록기관이나 계좌관리기관이 대 이행의무를 이행하지 못한 경우가 발생한 경우에는 해당 기관을 통하여 동일한 종목을 보유한 고객들은 자신의 채권금액에 비례하여 발행인에 대한 권리행사가 제한되게 된다.

그 밖에 전자단기사채법에서는 정보보호를 위하여 ① 등록정보 위·변조 등 금지, ② 직무관련 정보 이용 금지, ③ 실명법 준용, ④ 계좌관리기관 파산 시 계좌 간 대체등록 제한, ⑤ 등록정보 보존의무 등을 두고 있다. 아울러, 금융위원회와 금융감독원은 등록기관 및 계좌관리기관에 대하 검사 및 조치를 실시할 수 있다.

7) 전자단기사채 등에 대한 특례 등(법 제30조부터 제32조)

전자단기사채법에서는 상법에 대한 특례(사채관련 조항의 배제)를 통해 전자단기사채에 대하여 기존 기업어음과 유사한 편의성을 확보하고 있다. 우선, 발행절차에 대한 특례를 두어 이사회가 정하는 발행 한도 내에서 대표이사에게 전자단기사채 등의 발행권한을 위임할 수 있도록 하고, 대표이사가 자금상황에 따라 적시에 전자단기사채를 발행할 수 있도록 하였다. 이때 발행 한도는 미상환된 전자단기사채 등의 발행잔액(program amount)을 기준으로 하고 있다는 특징이 있다. 그 외에도 전자단기사채의 성격에 어울리지 않는 상법상 ① 발행회사의 사채원부 작성 의무, ② 사채권자집회 등에 관한 특례규정을 두어 이를 전자단기사채에는 이의 적용을 배제하고 있다.

8) 발행내용의 공개(법 제33조)

기존 기업어음의 경우에는 발행 및 유통정보의 불투명성으로 인하여 투자자보호 등 많은 문제점을 내포하고 있었다. 이에 전자단기사채법에서 불완전한 발행 및 유통정보에 따른 투자자보호 미비점을 개선하고, 정보 투명성을 제고하기 위해 발행내용 공개 규정을 마련하였다. 그 외에도 전자단기사채법에서는 전자단기사채 등에 대한 발행정보의 일괄 취합과 체계적인 공개체계에 대하여 규정하고 있다.

제2절 전자단기사채법의 조문별 해설

제1장 총칙

제1조(목적)

제1조(목적) 이 법은 전자단기사채 등의 등록 및 관리에 필요한 사항을 규정함으로써 전자단기사채 등의 발행·유통 및 권리 행사를 원활하게 하고 자본시장의 효율성을 제고함을 목적으로 한다.

1. 취지

이 조에서는 기업어음과 동일한 경제적 기능(단기자금조달)은 유지하면서, 기업어음의 본질적 한계(약속어음)를 극복하기 위해 전자단기사채제도를 도입을 한다는 입법취지를 규정하고 있다.

2. 해설

현재 기업들의 단기자금조달은 주로 기업어음(CP)을 통하여 이루어지고 있다. 그러나 기업어음은 어음법상 약속어음으로서 실물발행이 강제되고 권면분할유통이 불가능하다. 그 결과 기업어음 유통시장의 발전 및 기업어음 발행정보의 투명성 제고에 한계가 있다. 이에 따라 이 법은 기업어음시장의 균형적인 발전과 단기자금시장의 활성화 및 투명성 제고를 위하여 기업의 단기자금조달이라는 경제적 목적은 유지하면서도 현재 기업어음이 갖고 있는 문제점을 보완하기 위하여 전자단기사채제도를 도입하려는 것이다.

이처럼 이 법은 전자단기사채 및 그와 유사한 것을 아울러 정의하는 전자단기사채 등의 등록 및 관리에 필요한 사항을 정하여, 전자단기사채 등의 발행·유통 및 권리행사의 원활과 자본시장의 효율성을 제고하는 데 그 기본목적이 있다. 특히, 이 조에서는 전자단기사채 등의 '등록'에 필요한 사항을 규정한다고 명시하여 무권화를 목적으로 하고 있음을 분명히 하고 있다. 아울러, 자본시장의 '효율성을 제고'함을 목적한다는 것은 기존의 기업어음보다 효율적인 새로운 단기자금 조달수단을 기업에 제공하여 기업이 자신의 경영환경과 재무구조에 적합한 단기자금 조달 수단을 활용할 수 있도록 한다는 것을 의미하는 것이다.

제2조(정의)

제2조(정의) 이 법에서 사용하는 용어의 뜻은 다음과 같다.
1. "전자단기사채(電子短期社債)"란 「자본시장과 금융투자업에 관한 법률」 제4조제3항에 따른 채무증권인 사채권으로서 다음 각 목의 요건을 모두 갖추고 전자적 방식으로 등록된 것을 말한다.
   가. 각 사채의 금액이 1억 원 이상일 것
   나. 만기가 1년 이내일 것
   다. 사채 금액을 한꺼번에 납입할 것
   라. 만기에 원리금 전액을 한꺼번에 지급한다는 취지가 정해져 있을 것
   마. 사채에 전환권(轉換權), 신주인수권, 그 밖에 다른 증권으로 전환하거나 다른 증권을 취득할 수 있는 권리가 부여되지 아니할 것
   바. 사채에 「담보부사채신탁법」 제4조에 따른 물상담보(物上擔保)를 붙이지 아니할 것
2. "전자단기사채 등"이란 다음 각 목의 어느 하나에 해당하는 것을 말한다.
   가. 전자단기사채
   나. 「자본시장과 금융투자업에 관한 법률」 제4조제3항의 특수채증권 중 제1호 각 목의 요건을 모두 갖추고 전자적 방식으로 등록된 것

다. 그 밖에 대통령령으로 정하는 채권 중 제1호 각 목의 요건을 모두 갖추고 전자적
　　방식으로 등록된 것
3. "권리자"란 전자단기사채 등의 채권자, 질권자, 그 밖에 이해관계가 있는 자로서 대통
　　령령으로 정하는 자를 말한다.
4. "등록"이란 전자단기사채 등의 종류, 종목, 금액, 권리자 및 권리 내용, 발행 조건 등
　　을 제5조제2항에 따른 고객계좌부와 제6조제2항에 따른 계좌관리 기관등자기계좌부
　　에 전자적 방식으로 기재하는 것을 말한다.
5. "계좌관리기관"이란 다음 각 목의 어느 하나에 해당하는 기관으로서 제5조 제1항에
　　따른 고객계좌를 관리하는 기관을 말한다.
　가. 「은행법」에 따른 은행
　나. 「보험업법」에 따른 보험회사
　다. 「자본시장과 금융투자업에 관한 법률」에 따른 투자중개업자 및 신탁업자
　라. 「자본시장과 금융투자업에 관한 법률」 제294조에 따라 설립된 한국예탁 결제원(이
　　　하 "한국예탁결제원"이라 한다)과 유사한 업무를 하는 외국법인
　마. 그 밖에 업무의 성격 등을 고려하여 대통령령으로 정하는 기관

1. 취지

　이 조에서는 이 법률에서 매우 중요한 의미를 가지고 있는 용어에
관한 정의를 규정하고 있다. 이는 전자단기사채의 정의(법적 성격 및
성립요건)를 법상 명확히 하여 제도의 안정적 운영을 도모하고, 시장
참가자 등에 대한 이해의 편익을 제공하는 데 그 취지가 있다.

2. 해설

　이 조의 구성을 살펴보면 다음과 같다. 우선, 제1호에서는 전자단
기사채의 법적 성격 및 성립요건인 개념적 정의를 규정하고 있다.
제2호에서는 전자단기사채(자본시장법상의 사채권)에는 해당하지 않
으나 전자단기사채와 동일한 취급이 필요한 채권의 범위를 규정하고
있다. 제3호에서는 전자단기사채 등에 대한 권리의 종류에 따른 권

리자의 범위를 규정하고 있다. 제4호에서는 전자단기사채제도상 권리의 발생·변경 및 소멸의 기초가 되는 등록에 대한 정의 규정을 두고 있다. 제5호에서는 타인이 보유하고 있는 전자단기사채 등을 등록하기 위한 고객계좌를 관리할 수 있는 계좌관리기관의 범위를 정하고 있다.

(1) 제1호[85]

전자단기사채법은 금액(1억 원 이상), 만기(1년 이내) 등 일정요건을 갖춘 자본시장법상의 '사채'를 전자적인 방식으로 등록하는 경우 이를 '전자단기사채'로 정의하고 있다. 이처럼 전자단기사채는 사채권이면서 전자적 방식으로 등록할 것을 요구하고 있다. 이런 점에서 약속어음으로서 어음용지를 사용하여 의무적으로 실물발행을 하도록 하고 있는 자본시장법상의 기업어음과는 구분된다.

---

85) 舊 증권거래법령에 따라 재정경제부장관이 고시한 '재정경제부고시 제2001-20호'를 기초로 기업어음과 동일한 상품성 유지를 위한 요건을 마련한 것이다.
(舊)(재정경제부고시 제2001-20호) 증권거래법시행령 제2조의3제4호의 규정에 의거 기업이 자금조달을 목적으로 발행하는 어음 중 재정경제부장관이 정하는 어음의 범위를 다음과 같이 개정하였기에 이를 고시합니다.
1. (발행자) 증권거래법 제2조제13항의 규정에 의한 상장법인, 증권거래법 제2조제15항의 규정에 의한 협회등록법인, 정부투자기관관리기본법에 의한 정부투자기관, 특별한 법률에 의하여 설립된 법인 및 공적자금관리특별법 제17조에 따라 경영정상화이행약정서가 체결된 금융기관
2. (신용평가등급) 신용정보의이용 및 보호에 관한 법률 제4조의 규정에 의하여 신용평가업무에 대한 허가를 받은 2개 이상의 기관으로부터 B등급 이상의 평가를 받을 것. 다만, 금융감독원장이 별도로 지정하는 기업의 어음에 대하여는 신용평가등급 요건을 적용하지 아니할 수 있다.
3. (만기) 1년 이내
4. (최저액면 금액) 1억 원

【표 3-3. 기업어음과 전자단기사채의 정의 비교】

기업어음의 정의(자본시장법)	전자단기사채의 정의(전자단기사채법)
기업이 사업에 필요한 자금을 조달하기 위하여 발행한 약속어음(법 제4조제3항)으로서, 은행 등이 제공한 어음용지에 '기업어음증권'이라는 문자가 인쇄된 것(시행령 제4조)	자본시장법상 채무증권인 사채권으로서 사채금액 1억 원 이상, 만기 1년 이내 등 일정요건을 갖춘 후 전자적 방식으로 등록된 것(법 제2조 제1호)

전자단기사채법에서는 전자단기사채의 법률적 지위를 '사채권'이라고 정의하여 어음법상 적용을 받는 약속어음이 아니라는 점을 명백히 하고 있다. 이처럼 전자단기사채법에서는 어음용지가 아닌 전자적 방식의 등록을 택하여 실물발행 강제에 따른 부작용의 소지를 근본적으로 제거하였다. 이러한 법적 정의는 그간 문제 되었던 기업어음의 문제점을 해소하기 위해 유효한 장치를 갖춘 것이라고 할 수 있다.

이처럼 전자단기사채법에서는 전자단기사채를 일정한 요건에 해당하는 자본시장법상의 사채권으로 규정하고, 이 법률의 적용대상을 명확하게 하고 있다. 이에 따라 법제2조 제1호의 각목에 규정되어 있는 아래의 요건 중 한 가지라도 갖추지 못한 경우에는 설령 다른 요건을 충족하였다고 하더라도 이 법률의 대상이 되는 전자단기사채는 될 수 없으며 단순한 상법상의 사채에 불과하게 된다.[86]

---

[86] 이와 유사한 입법례로는 일본의 경우를 들 수 있다.
　(日)사채·주식 등 대체법 제66조(권리의 귀속) 다음에 열거한 사채로서 대체기관이 취급하는 것(이하 이 장에서 "대체사채"라 한다)에 대한 권리(제73조에 규정한 이자에 대한 청구권을 제외한다)의 귀속은 이 장의 규정에 의한 대체계좌부의 기재 또는 기록에 따라 정해지는 것으로 한다.
　1. 다음에 열거한 모든 요건에 해당하는 사채(제83조에서"단기사채"라 한다)
　　가. 각 사채의 금액이 1억 엔 이상일 것
　　나. 원본의 상환에 대하여 사채의 총액의 납입이 있는 날로부터 1년 미만의 날로 하는 확정기한의 정함이 있고 분할납입에 대한 정함이 없을 것
　　다. 이자의 지불기한을 나목의 원본상환기한과 같은 날로 한다는 취지의 정함이 있는 것

　　첫째, 전자단기사채는 종전 기업어음의 최소 단위금액을 고려하여 각 사채의 금액을 1억 원 이상으로 정하고 있다(가목). 여기서 '각 사채의 금액'이란 사채를 발행할 때 발행자가 그 사채의 거래단위로 정한 금액으로서 전자적 등록(계좌 간 대체)이 가능한 최소 단위금액을 의미한다. 이처럼 최소단위금액을 1억 원 이상으로 정한 것은 전자단기사채를 구입할 수 있는 투자자를 스스로 발행회사에 대한 충분한 교섭력이 있고, 사채권자집회 등이 필요하지 않다고 평가할 수 있는 기관투자자로 제한하여, 단기자금조달에 장애가 되는 사채권자집회 등을 적용하지 않더라도 문제가 없다고 생각되는 자로 제한하기 위한 것이다. 요컨대, 최소단위금액을 설정하여 전자단기사채시장에 일반투자자의 소액참가를 제한하고 전문투자자 중심의 기업 도매금융시장을 육성하려는데 그 취지가 있는 것이다. 일반투자자를 참가시킬 경우에는 투자자보호제도를 보다 두텁게 적용할 필요성 등으로 인해 신속한 자금조달이라는 본래 취지를 저해할 우려가 있기 때문이다. 이와 같은 이유로 외국의 경우에도 최소단위금액을 두고 있다. 예컨대, 일본은 1억 엔 이상, 미국은 10만 달러 이상, 영국은 10만 파운드 이상 등의 최소단위제한을 설정하고 있다.

　　둘째, 전자단기사채의 만기를 종전 기업어음과 동일하게 '1년 이내'로 정하고 있다(나목). 이는 전자단기사채의 상환기간을 1년 미만으로 하고, 이 법률의 적용대상이 되는 전자단기사채를 단기자금조달에 이용할 수 있도록 제한하기 위한 것이다.[87] 이처럼 1년 미만의

　　라. 담보부사채신탁법(1905년 법률 제52호)의 규정에 따른 담보부가 아닐 것

[87] 자본시장법에서는 기업어음의 만기요건을 폐지하여 만기 1년을 초과하는 기업어음 발행이 가능하게 되어 일반 회사채시장을 잠식할 위험이 존재하고 있었다(자본시장법 시행령 제4조). 그리고 이는 현실로 나타나 2011년 3월 말 현재 1년 초과 장기물이 발행잔액(예탁어음) 기준 약 11.5조(14.06%)에 이르고 있는

단기로 만기를 제한한 취지는 단기자금조달 목적의 투자자는 단기 신용리스크만을 부담하는 것이 통상적이기 때문이다. 또한, 만기제한을 폐지하게 되면 기업들이 복잡한 사채발행 절차를 피해 전자단기사채로만 자금을 조달할 가능성도 있다. 그 외 만기가 장기인 경우에는 해당 기간 중어 조건변경 등을 할 필요가 생길 가능성이 높게 된다. 이 경우어는 사채권자를 보호하기 위한 사채권자 집회가 필요하게 되어 사채권자집회제도의 적용을 제외하기 곤란하게 된다. 이와 같은 이유로 일톤이나 프랑스, 독일 및 영국 등도 모두 만기를 1년 이내로 제한하고 있으며, 특히 미국은 만기를 270일 이내로 제한하고 있다.

셋째, 전자단기사처의 금액을 한꺼번에 납입할 것(일시납입)을 규정하고 있다(다목). 이는 전액을 납입하기 전에 발행·유통시킬 가능성 등 분할납입을 허용하는 경우에 발생할 수 있는 복잡한 법률관계를 원천적으로 제거하는 데 그 목적이 있다. 또한, 분할납입을 정한 사차를 전자단기사채에서 제외하더라도 단기자금조달에 장애가 되지 않는다.

넷째, 만기에 원리금 전액을 한꺼번에 지급한다는 취지가 정하여져 있을 것을 요건으로 하고 있다(라목). 분할납입과 마찬가지로 상혼기한이 도래하기 전에 이자를 지급하게 되면 유통과 관련한 법률관계가 복잡해진다. 또한, 상환기한 전의 이자지급을 인정하지 않더라도 단기자금조달에 장애가 되지 않는다. 이에 따라 이자지급기한을 상환기한과 같은 날로 할 것을 전자단기사채의 요건으로 정한 것이다.

다섯째, 사채에 전환권(轉換權), 신주인수권, 그 밖에 다른 증권으로 전환하거나 다른 증권을 취득할 수 있는 권리가 부여되지 않을

것으로 파악되고 있다(자료출처, 한국예탁결제원)

것을 정하고 있다(마목). 이처럼 주식관련 권리의 부여를 금지한 것은 단기간 동안 발행·상환이 반복되는 전자단기사채에 신주 등을 취득할 권리를 부여할 실익이 없기 때문이다. 다시 말해서, 전환사채, 신주인수권부사채 등의 경우에는 장기간에 걸친 주가변동 현황·증시전망 등을 고려하여 권리 행사 여부를 결정하는 것이 일반적이다. 따라서 전자단기사채에 이러한 주식관련 권리를 부여하는 것은 바람직하지 않다.

여섯째, 전자단기사채에 담보부사채신탁법 제4조[88])에 따른 물상담보(物上擔保)를 붙이지 아니할 것을 요건으로 정하고 있다(바목). 전자단기사채에 담보부사채신탁법에 따른 물상담보를 붙일 경우에는 신탁회사에 대한 관리·감독이 필요하게 되어 사채권자집회의 소집 및 운영이 불가피하게 된다.[89]) 그런데 사채권자집회의 소집 및 운영은 원활한 단기자금의 조달을 위해 사채권자집회의 적용을 배제하고자 하는 전자단기사채제도의 도입 방향과 맞지 않으므로 이를 배제할 필요가 있다.[90])

(2) 제2호

제2호에서는 주식회사 이외의 법인이 발행하는 전자단기사채와 유사

---

88) 담보부사채신탁법 제4조(사채의 발행) 사채에 물상담보를 붙이고자 할 때에는 그 사채를 발행하는 회사(이하 '위탁회사'라 한다)와 신탁업자와의 신탁계약에 의하여 이를 발행하여야 한다.

89) 담보부사채신탁법 제41조(사채권자집회의 소집) 신탁업자 또는 제23조제1항의 규정에 의하여 사채의 총액을 인수한 자는 필요가 있을 때에는 언제든지 사채권자집회(이하 '집회'라 한다)를 소집할 수 있다.

90) 제2조제1호 다목부터 바목까지의 요건은 모두 현행 기업어음과 관련된 관행 등을 명문화한 것일 뿐이며 새롭게 창설된 제한요건은 아니다.

한 채권을 전자단기사채와 함께 '전자단기사채 등'으로 규정하여 이 법의 적용대상이 됨을 명확히 하고 있다. 자본시장법상 특수채증권[91]과 기타 대통령령으로 정하는 채권이더라도 사채만 아닐 뿐 단기로 발행되고, 금액이나 만기 등 전자단기사채법이 요구하는 요건을 모두 갖춘 경우가 있다. 이 경우에는 동일한 성격의 증권에 대해 여러 법을 적용하여 권리·의무 관계를 복잡하게 할 필요가 없다. 이에 이들을 '전자단기사채 등'이라고 정의하여 이법의 적용대상으로 하고 있는 것이다.[92]

이 규정은 현재 기업어음을 발행하고 있는 특수법인 등에 대해서도 전자단기사채제도를 이용할 수 있도록 하기 위해 법적 근거를 마련한 것이다. 즉, 자본시장법상 사채권은 아니지만 전자단기사채의 성립요건을 갖춘 '특수채증권 등'을 전자단기사채와 함께 '전자단기사채 등'으로 포섭하기 위한 것이다. 그 외에 대통령령으로 정하는 채권 중 제1호 각 목의 요건을 모두 갖추고 전자적 방식으로 등록된 것도 이 법의 적용대상으로 함으로써 그 적용범위의 확대를 도모하고 있다.

(3) 제3호

전자단기사채 등의 채권자·질권자, 그 밖에 이해관계자(구체적

---

91) 한국전력공사법에 따라 설립된 한국전력공사, 한국토지주택공사법에 따라 설립된 한국토지주택공사 등 법률에 의하여 직접 설립된 법인이 발행한 채권을 말한다(자본시장법 제4조 제3항).

92) 입법기술적인 측면에서 보면, 전자단기사채를 정의하고 여기에 '등'을 붙여 적용범위를 넓히는 것은 자연스럽지 못하다고 할 여지도 있다. 그러나 일반기업이 발행하는 '전자단기사채'의 정의부분에서 특수법인이 발행하는 특수채 등을 포함시켜 규정할 수는 없다. 또한, 특수채라도 단기로 발행되는 등 전자단기사채법의 요건을 충족하여 동일한 형태로 발행될 경우에는 통일적으로 규정하는 것이 바람직하므로 '전자단기사채 등'이라는 정의를 둔 것은 타당하다(전자단기사채법 심사보고서. 정무위원회, 2011. 6, 23면).

범위는 시행령에서 정함)를 권리자로 정하고 있다. 이는 전자등록을
통해 전자단기사채 등에 대한 권리를 가질 수 있는 자의 범위를 명
시하여 제도의 명확성과 안정성을 확보하기 위하여 둔 규정이다. 그
런데 여기서 '그 밖의 이해관계자'에 해당하기 위해서는 기본적으로
전자단기사채에 대하여 이해관계가 있어야 하며, 계좌관리기관 또는
한국예탁결제원에 자신의 등록계좌를 개설하고 있어야 한다.

(4) 제4호

등록을 '전자단기사채 등의 종류·종목·금액·권리자 및 권리
내용 등을 고객계좌부와 계좌관리기관등자기계좌부에 전자적 방식으
로 기재하는 것'으로 정의하고 있다. 이는 권리의 발생·변경 및 소
멸의 기초가 되는 등록의 개념을 법상 명확히 정의하여 제도의 법적
안정성을 도모하기 위한 것이다. 여기서 등록이란 전자단기사채에
대한 권리의 발생·변동·소멸의 법적 효력발생을 위해 특정장부(고
객계좌부, 계좌관리기관등자기계좌부)에 기재하는 것을 말한다.

이런 측면에서 '등록'은 등록내용과의 대조를 통해 그 등록내용의
진정성을 확보하기 위한 절차적 수단의 하나로 특정장부(발행인관리
계좌부, 고객관리계좌부)에 기재하는 것으로서 법적 효력이 부여되지
않는 '기록'과는 구분된다. 다시 말해서, '기록'은 전자단기사채제도
의 안정적 운영을 지원하기 위해 관련계좌부에 기재되는 것으로 '등
록'과 달리 법적 효력이 부여되지는 않는다.

(5) 제5호

계좌관리기관이란 자신의 고객에 대한 등록업무수행을 위해 등록계좌를 관리하는 자로서 등록기관(한국예탁결제원)에 자기 명의로 계좌를 개설하는 자이다. 이 호는 타인이 보유하는 전자단기사채 등을 등록하기 위한 고객계좌를 관리할 수 있는 계좌관리기관의 범위를 명확히 하여 계좌관리기관으로 참가하고자 하는 자 등에 대한 제도 이해의 편익을 제공하기 위한 규정이다.

그런데 계좌관리기관의 자격은 고객이 보유한 전자단기사채의 등록을 위하여 고객계좌를 관리할 필요가 있는 금융기관에 부여하는 것이 합리적이다. 이런 점을 반영하여 이 법에서는 자본시장법상 증권예탁결제제도에 참가하고 있는 예탁자의 범위를 고려하여 은행·보험회사·투자중개업자·신탁업자 또는 한국예탁결제원과 유사한 업무를 영위하는 외국법인 등에게 계좌관리기관의 자격을 부여하고 있다.[93]

제3조(다른 법률과의 관계)

제3조(다른 법률과의 관계) 전자단기사채 등에 관하여 이 법에서 정하는 것을 제외하고는 「상법」이나 그 밖에 해당 전자단기사채 등의 발행 등의 근거가 되는 법령에서 정하는 바에 따른다.

1. 취지

이 조는 전자단기사채 등에 대한 다른 법률의 적용 기준을 마련하

---

93) 자본시장법 제309조 참조.

기 위하여 규정한 것이다.

2. 해설

이 법에 따른 전자단기사채 등에 관하여는 이 법과 해당 전자단기사채 등의 발행 근거법 간의 적용관계에 대한 기준을 정립할 필요가 있다. 이를 위해 이 조에서는 전자단기사채 등의 특성과 관련된 이 법의 규정 외에도 채권으로서의 일반적인 부분에 대해서는 상법이나 그 밖에 해당 전자단기사채 등의 발행 근거가 되는 법령의 규정이 정하는 바에 따르는 것으로 하고 있다.

이처럼 전자단기사채와 관련해서는 이 법이 우선적으로 적용되나, 이 법에서 규정하지 아니한 사항에 대해서만 다른 법이 보충적으로 적용됨을 분명히 하고 있다.[94] 예를 들어, 상법상 주식회사가 이 법에 따라 전자단기사채 등을 발행하는 경우에는 그 전자단기사채 등에 대해서는 이법에서 정한 사항 이외에는 상법상의 사채에 관한 규정의 적용을 받게 되는 것이다.

---

[94] 이와 유사한 입법례로 전자어음에 관해서는 전자어음법에 정한 사항 외에는 어음법에서 정하는 바에 따르도록 하고 있다.

제2장 계좌의 개설 및 등록업무규정

제4조(발행인관리계좌의 개설 등)

제4조(발행인관리계좌의 개설 등)
① 전자단기사채 등을 발행하려는 자는 한국예탁결제원에 발행인관리계좌를 개설하여야 한다.
② 제1항에 따라 발행인관리계좌가 개설된 경우 한국예탁결제원은 다음 각 호의 사항들 기록하여 발행인(제1항에 따라 발행인관리계좌를 개설한 자를 말한다. 이하 같다)별로 발행인관리계좌부를 작성하여야 한다.
1. 발행인의 명칭과 사업자등록번호
2. 발행인이 발행한 전자단기사채 등의 종류, 종목 및 종목별 금액
3. 그 밖에 대통령령으로 정하는 사항
③ 발행인은 제2항 각 호의 사항이 변경된 경우에는 지체 없이 그 내용을 한국예탁결제원에 통지하여야 하고, 한국예탁결제원은 그 통지에 따라 지체 없이 발행인관리계좌부의 기록을 변경하여야 한다.

1. 취지

이 조는 전자단기사채 등을 발행하고자 하는 자가 전자단기사채 제도에 참가하는 절차와 등록기관인 한국예탁결제원이 전자단기사채의 발행내용(발행금액 등)을 관리하는 방법을 규정하기 위한 것이다.

2. 해설

이 조에서는 발행인관리계좌와 발행인관리계좌부를 법으로 명시하여 전자단기사채제도의 법적 안정성을 도모하고 있다. 그런 취지에서 전자단기사채 등을 발행하고자 하는 자로 하여금 한국예탁결제원

에 발행인관리계좌를 개설할 것을 의무화하고 있다. 이와 함께, 한국 예탁결제원에는 ① 발행인의 명칭과 사업자등록번호, ② 해당 발행 인이 발행한 전자단기사채 등의 종류·종목 및 금액 등을 기록하여 발행인관리계좌부를 작성하도록 하고 있다. 그리고 해당사항에 변경 이 있는 경우에는 한국예탁결제원이 발행인으로부터 그 내용을 통지 받아 지체 없이 기록을 변경하도록 하여 제도의 안정성을 꾀하고 있다.

현행 자본시장법에도 발행회사가 새로 증권 등을 발행하는 경우에 는 해당 발행명세 및 사고증권 등의 명세 통지 등을 한국예탁결제원 에 통지하도록 되어 있다.95) 그러나 전자단기사채법에서는 여기서 한발 더 나아가 발행회사가 직접 한국예탁결제기관에 발행계좌를 개 설하도록 함으로써 발행정보의 신속하고 정확하게 입수하여 시장에 공표할 수 있는 길을 마련하고 있다.

이처럼 발행회사가 한국예탁결제원에 발행인관리계좌를 개설하고 한국예탁결제원으로 하여금 발행인관리계좌부를 작성하도록 한 것은 전자적으로 발행되는 전자단기사채정보의 정확하고 신속한 처리를 도모하고, 발행수량과 유통수량의 전자적인 체크를 위한 것이다. 이 는 우리보다 앞서 단기사채제도를 도입하고 운용하고 있는 일본보다 도 진일보한 제도라고 할 수 있다.96)

---

95) 자본시장법 제323조.

96) 사채·주식등대체법 제68조.

제5조(고객계좌 및 고객관리계좌 개설 등)

제5조(고객계좌 및 고객관리계좌 개설 등)
① 전자단기사채 등의 권리자가 되려는 자는 계좌관리기관에 고객계좌를 개설하여야 한다.
② 제1항에 따라 고객계좌가 개설된 경우 계좌관리기관은 다음 각 호의 사항을 등록하여 권리자별로 고객계좌부를 작성하여야 한다.
1. 권리자의 성명 또는 명칭 및 주소
2. 발행인의 명칭
3. 전자단기사채 등의 종류, 종목 및 종목별 금액
4. 전자단기사채 등에 대하여 질권이 설정된 경우에는 그 사실
5. 전자단기사채 등이 신탁재산인 경우에는 그 사실
6. 전자단기사채 등의 처분이 제한되는 경우에는 그에 관한 사항
7. 그 밖에 대통령령으로 정하는 사항
③ 계좌관리기관은 제2항의 고객계좌부에 등록된 전자단기사채 등의 총액을 관리하기 위하여 한국예탁결제원에 고객관리계좌를 개설하여야 한다.
④ 제3항에 따라 고객관리계좌가 개설된 경우 한국예탁결제원은 다음 각 호의 사항을 기록하여 계좌관리기관별로 고객관리계좌부를 작성하여야 한다.
1. 계좌관리기관의 명칭 및 주소
2. 전자단기사채 등의 종류, 종목 및 종목별 금액
3. 그 밖에 대통령령으로 정하는 사항

1. 취지

이 조는 전자단기사채 등의 취득을 위한 절차를 명확히 하고, 권리자의 등록금액 등 권리내역에 대한 효율적 · 체계적 관리를 위해 둔 규정이다. 이와 함께 계좌관리기관(고객계좌부)과 한국예탁결제원(고객관리계좌부)의 연계를 통해 총액관리를 위한 안전장치도 두고 있다.

2. 해설

이 조 제1항 및 제2항에서는 계좌관리기관을 통해 전자단기사채

등의 권리자가 되고자 하는 자를 위한 '고객계좌의 개설'과 '고객계좌부의 작성'에 관한 사항을 규정하고 있다. 전자단기사채의 권리자가 되고자 하는 자(계좌관리기관 제외)는 계좌관리기관에 고객계좌를 개설하여야 한다. 고객계좌는 전자단기사채에 대한 권리가 귀속되는 계좌로서, 계좌관리기관은 ① 권리자의 성명 또는 명칭 및 주소, ② 발행인의 명칭, ③ 전자단기사채 등의 종류·종목·종목별 금액 등을 등록한 고객계좌부를 작성하여야 한다.

이 조 제3항 및 제4항에서는 고객계좌부에 등록된 전자단기사채 등의 총 금액을 관리하기 위해 계좌관리기관으로 하여금 고객관리계좌를 한국예탁결제원에 개설할 의무를 부여하고 있다. 또한, 한국예탁결제원에게는 고객관리계좌부의 작성의무를 부여하고 있다. 그리고 한국예탁결제원은 ① 계좌관리기관의 명칭 및 주소, ② 전자단기사채 등의 종류·종목 및 종목별 금액 등을 기록하여 계좌관리기관별로 고객관리계좌부를 작성하여야 한다. 이처럼 계좌관리기관과 한국예탁결제원에 고객관리계좌의 개설과 고객관리계좌부의 작성의무를 부과한 이유는 개별 고객계좌에 등록된 전자단기사채의 총량과 등록기관인 한국예탁결제원에 개설된 해당 계좌관리기관의 고객관리계좌 수량의 일치 여부를 확인할 필요가 있기 때문이다.

실물증권을 기초로 하는 자본시장법에서도 예탁자에게 투자자계좌부의 작성·비치의무를 부여하고 있고, 한국예탁결제원에게 예탁자계좌부 작성·비치의무를 부여하고 있다는 점에서 전자단기사채법과 유사한 측면이 있다.[97] 그런데 자본시장법에서는 한국예탁결제원이 예탁자의 자기소유분과 투자자 예탁분을 구분하도록 하고 있다. 이

---

97) 자본시장법 제309조.

에 비하여, 전자단기사차 법에서는 고객관리계좌를 별도로 개설하도록 하고 있다는 점에서 근본적인 차이가 있다.

제6조(계좌관리기관등자기계좌의 개설 등)

1. 취지

이 조에서는 계좌관리기관, 법률에 따라 설립된 기금 등 대통령령으로 정하는 자의 '계좌관리기관등자기계좌' 개설과 '계좌관리기관등자기계좌부'의 작성에 관하여 규정하고 있다.

2. 해설

이 조는 계좌관리기관 및 기관투자자인 권리자의 권리내역(등록금액 등)에 대한 효율적·체계적 관리장치를 마련하기 위해 둔 규정이다. 이 조에서는 한국예탁결제원을 통해 전자단기사채 등의 권리자가 되려는 계좌관리기관 및 기관투자자 등을 위한 '계좌관리기관등자기계좌의 개설'에 대한 사항과 한국예탁결제원의 '계좌관리기관등자기계좌부의 작성'에 관한 사항을 규정하고 있다.

이 규정에 따라 전자단기사채 등의 권리자가 되고자 하는 자는 계좌관리기관 및 기관투자자 등은 한국예탁결제원에 계좌관리기관등자기계좌를 개설하여야 한다. 이 경우 한국예탁결제원은 ① 채권자의 성명 또는 명칭 및 주소, ② 발행인의 명칭, ③ 전자단기사채 등의 종류·종목 및 종목별 금액 등을 등록하여 계좌관리기관등자기계좌부를 작성하여야 한다.

제7조(등록업무규정)

제7조(등록업무규정)
① 한국예탁결제원은 이 법에 따른 업무의 수행 및 그 방법·절차와 관련하여 다음 각 호의 사항이 포함된 등록업무규정을 정하여야 한다.
1. 발행인의 계좌 개설 및 폐지에 관한 사항
2. 권리자 및 계좌관리기관의 계좌 개설 및 폐지에 관한 사항
3. 발행인관리계좌부, 고객계좌부, 고객관리계좌부 및 계좌관리기관등자기계좌부의 작성 및 관리에 관한 사항
4. 전자단기사채 등의 계좌 간 대체, 질권의 설정·말소, 신탁재산인 사실의 표시·말소 등 등록에 관한 사항
5. 그 밖에 전자단기사채 등의 관리를 위하여 필요한 사항
② 한국예탁결제원은 제1항에 따른 등록업무규정을 제정·개정 또는 폐지하려는 경우에는 금융위원회의 승인을 받아야 한다.

1. 취지

이 조는 한국예탁결제원이 등록업무규정에서 규정하여야 하는 필요적 기재사항과 등록업무규정의 제정 및 개폐 시 금융위원회의 승인에 관하여 규정하고 있다.

2. 해설

이 조에서는 한국예탁결제원이 수행하는 발행등록 등 각종 등록업무와 관련한 업무절차와 방법 등에 대한 원칙을 담은 '등록업무규정'을 마련하도록 하고 있다. 그리고 이러한 등록업무규정에 대해서는 금융위원회의 승인을 받도록 규정하고 있다. 등록기관(한국예탁결제원)의 등록업무규정은 전자단기사채 등의 발행 및 유통업무를 적절하게 수행하는 데 필요한 사항을 정한 것으로서 한국예탁결제원, 계좌관리기관, 권리자 및 발행회사와 관계있는 전자단기사채제도의 근간이 되는 중요한 것이다. 이에 전자단기사채법에서 필요적 기재사항을 정하고 있다. 이와 함께, 전자단기사채제도를 실질적으로 구율할 업무규정의 규정사항을 법상 명확히 하여 시장참가자들에 대한 이해의 편익을 제공하기 위한 목적도 가지고 있다. 그 외에도 이 조에서는 등록업무규정의 제정 및 개폐를 금융위원회 승인사항으로 정함으로써 제도적 안정성 및 객관성을 확보하고 있다.

제3장 전자단기사채 등의 등록 및 등록의 효력

제8조(발행 등록)

제8조(발행 등록)
① 전자단기사채 등을 발행하려는 자는 다음 각 호의 사항을 한국예탁결제원에 지체 없이 통지하여야 한다.
1. 발행하는 전자단기사채 등의 종류, 종목 및 종목별 금액
2. 채권자의 성명 또는 명칭
3. 그 밖에 전자단기사채 등의 발행 등록과 관련하여 등록업무규정으로 정하는 사항
② 한국예탁결제원은 제1항에 따른 통지를 받은 경우에는 해당 전자단기사채 등의 전액이 납입되었을 때에 그 통지 받은 내용을 계좌관리기관 등 자기계좌부에 등록하고, 발행인관리계좌부와 고객관리계좌부에 각각 기록한 후 그 사실을 해당 금액이 등록된 계좌관리기관 등 자기계좌부에 등록된 자 또는 해당 고객관리계좌부에 기록된 계좌관리기관에 통지하여야 한다.
③ 계좌관리기관은 제2항에 따라 고객관리계좌부에 기록한 사항을 통지받은 경우 그 통지 내용에 따른 등록 사항을 고객계좌부에 지체 없이 등록하여야 한다.
④ 제2항 및 제3항에 따른 계좌관리기관 등 자기계좌부와 고객계좌부의 등록, 발행인관리계좌부와 고객관리계좌부의 기록에 관한 방법과 절차에 관하여 필요한 사항은 대통령령으로 정한다.

1. 취지

이 조는 전자단기사채 등의 발행방법과 등록절차에 관한 사항을 마련하여 그 발행구조에 대한 시장참가자들의 이해를 제고하기 위한 규정이다.

2. 해설

이 조는 전자단기사채 등의 발행방법 및 권리자별 등록절차에 관

한 사항에 관하여 규정하고 있다. 전자단기사채 등을 발행하고자 하는 자는 우선 ① 발행하는 전자단기사채 등의 종류·종목 및 종목별 금액, ② 채권자의 성명 또는 명칭 등을 한국예탁결제원에 지체 없이 통지하여야 한다. 발행자로부터 이러한 통지를 받은 한국예탁결제원은 해당 전자단기사채 등이 전액 납입되었는지 여부를 확인한 후 그 통지 내용에 따른 발행내역을 기록 및 등록하여야 한다. 이처럼 발행가액의 전액 납입을 확인한 이후에 비로소 기록 및 등록을 하도록 한 이유는 납입의무가 있음에도 계좌부에 등록되어 전자단기사채가 이전되는 경우도 발생할 수 있기 때문이다. 한편, 계좌관리기관은 고객관리계좌부의 기록사항에 대해 한국예탁결제원으로부터 통지를 받아 그 사항을 고객계좌부에 등록하여야 한다.

등록대상인 계좌는 고객계좌부와 자기계좌부이고, 기록대상인 계좌는 발행인관리계좌부와 고객관리계좌부이다. '등록'을 하게 되면 권리의 발생·변동 및 소멸 등과 이를 공시하는 법적 효력이 발생하게 된다. 이에 비해 '기록'은 권리상태 등을 외부에 징표 하여 교차확인 등의 수단으로 사용될 뿐이다. 다시 말해서, 계좌에 기입하여 권리변동 등이 이루어지는 ① 고객계좌부(일반고객일 경우) ② 자기계좌부(계좌관리기관 또는 기관투자가가 고객일 경우) 등에는 발행내역을 '등록'하는 것이며, 정보를 관리하는 수단이 되는 ① 발행인관리계좌부, ② 고객관리계좌부 등에는 발행내역 등을 단지 기술적으로 '기록'하는 데 그치는 것이다.

이처럼 발행인관리계좌부와 고객관리계좌부에는 법적 효력이 부여되지 않는다. 그 결과 한국예탁결제원이 전자단기사채의 발행자로부터 통지받은 사항과 다른 내용을 발행인관리계좌부에 기록한 경우에는 스스로 그 기록의 정정을 할 수 있다. 이에 비하여 발행자가 한국예탁결제원에 사실과 다른 통지를 한 경우 한국예탁결제원은 일단 통지된 바대로 발행인관리계좌부에 기록하여야 하며, 그 이후 발행자의 정정통지를 받아 발행인관리계좌부의 기록을 정정하여야 한다. 그런데 발행자의 잘못된 통지로 인하여 법적 효력이 없는 발행인관리계좌부와 고객관리계좌부는 물론 법적 효력이 있는 자기계좌부 및 고객계좌부에 초과기재가 이루어지고, 그 초과기록을 기초로 선의취득이 이루어진 경우에는 한국예탁결제원이나 계좌관리기관이 일차적으로 초과분에 대한 책임을 지게 되며, 책임이 있는 발행자에 대하여 구상권을 행사하게 된다.

【그림 3-2. 발행내역 등록 및 기록, 통지 등】

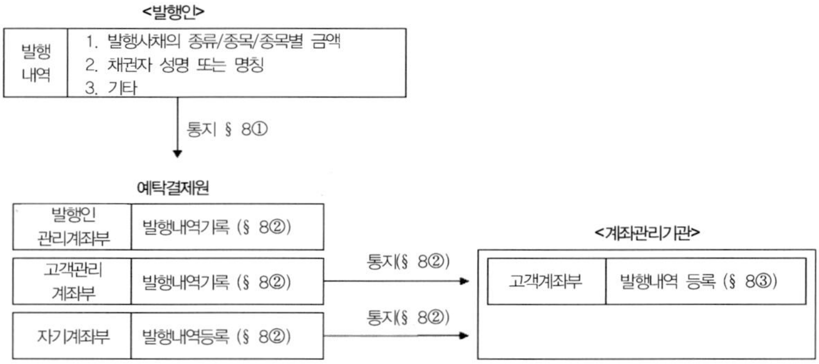

제9조(계좌 간 대체등록)

제9조(계좌 간 대체등록)
① 전자단기사채 등의 양도 등을 위하여 계좌 간 대체를 하려는 자는 다음 각 호의 사항을 구체적으로 밝혀 해당 전자단기사채 등이 등록된 한국예탁결제원 또는 계좌관리기관에 계좌 간 대체 등록을 신청하여야 한다.
1. 해당 전자단기사채 등의 종류, 종목 및 종목별 금액
2. 계좌 간 대체를 하려는 자 및 계좌 간 대체를 받으려는 자의 성명 또는 명칭
3. 그 밖에 전자단기사채 등의 계좌 간 대체 등록과 관련하여 등록업무규정으로 정하는 사항
② 제1항에 따라 등록 신청을 받은 한국예탁결제원 또는 계좌관리기관은 지체 없이 계좌관리기관등자기계좌부 또는 고객계좌부에 해당 전자단기사채 등의 계좌 간 대체 등록을 하여야 한다.
③ 제1항 및 제2항에 따른 계좌 간 대체 등록의 신청 및 등록의 방법과 절차에 관하여 필요한 사항은 대통령령으로 정한다.

1. 취지

이 조는 전자단기사채 등의 계좌 간 대체등록에 관한 절차를 별상 마련하여 권리 양도의 법적 효력 발생에 필요한 공시적 기능을 마련하기 위한 것이다.

2. 해설

이 조는 전자단기사채 등 권리가 이전된 경우 계좌 간 대체등록 절차에 대하여 규정하고 있다. 이를 위해 전자단기사채 등을 계좌 간 대체하고자 하는 자는 해당 전자단기사채 등의 종류·종목 및 종목별 금액 등을 명시하여 그 전자단기사채 등이 등록된 한국예탁결제원이나 계좌관리기관에 이를 신청하여야 한다. 그리고 이러한 계좌

간 대체등록신청을 받은 한국예탁결제원이나 계좌관리기관은 지체 없이 해당 전자단기사채 등에 대해 계좌 간 대체등록을 처리하여야 한다.

이 조에서는 등록의 취지를 한국예탁결제원 또는 계좌관리기관에 신청하도록 하는 구조를 취하고 있다. 이는 실체적 권리관계 변동 등이 일어날 경우 그 변동을 일으키는 자가 계좌를 관리하는 한국예탁결제원 또는 계좌관리기관에 그 사유를 밝혀 신청하도록 하고, 그에 따라 계좌에 변동내역을 등록하여 실체적 권리관계에 부합하는 등록상태를 유지하려는 취지이다.[98]

제1항은 계좌 간 대체등록을 신청할 수 있는 자를 규정하고 있다. 전자단기사채 등을 다른 자에게 양도 등을 하는 자(계좌에 있어 감액의 등록이 되는 자)가 한국예탁결제원 또는 계좌관리기관에 계좌 간 대체등록을 신청할 수 있다. 이는 전자단기사채를 양수하는 자(계좌에 증액의 등록이 되는 자)의 신청에 따르는 경우에는 ① 진정한 양수인을 확인하기가 곤란하고, ② 양도인 및 양수인 쌍방의 신청에 따르는 것은 전자단기사채의 원활한 유통을 저해할 수 있으며, ③ 자신이 보유하는 전자단기사채를 상실하는 자의 신청을 가장 신뢰할 수 있기 때문이다.

제2항과 제3항은 신청을 받은 한국예탁결제원 또는 계좌관리기관이 취하여야 할 조치를 규정하고 있다. 제2항에서는 한국예탁결제원 또는 계좌관리기관에 대하여 관련계좌부에의 등록의무를 부여하고 있다. 제3항에서는 계좌 간 대체등록의 신청 및 등록의 방법과 절차

---

[98] 이러한 구조 및 취지는 전자단기사채 등에 질권 등을 설정하거나 말소할 때(제 10조) 또는 신탁표시를 하거나 말소할 때(제11조), 권리행사 등에 따라 등록을 말소할 때(제12조)에 동일하게 적용된다.

에 대한 세부사항을 대통령령에 위임하고 있다.[99]

제10조(질권설정 및 말소등록)

제10조(질권설정 및 말소등록)
① 전자단기사채 등에 질권을 설정하거나 말소하려는 자는 다음 각 호의 사항을 구체적으로 밝혀 해당 전자단기사채 등이 등록된 한국예탁결제원 또는 계좌관리기관에 질권 설정 또는 말소 등록을 신청하여야 한다.
1. 해당 전자단기사채 등의 종류, 종목 및 종목별 금액
2. 질권설정자 및 질권자의 성명 또는 명칭
3. 그 밖에 전자단기사채 등의 질권설정 및 말소등록과 관련하여 등록업무규정으로 정하는 사항
② 제1항에 따라 등록 신청을 받은 한국예탁결제원 또는 계좌관리기관은 지체 없이 질물(質物)이라는 사실과 질권자를 계좌관리기관등자기계좌부 또는 고객계좌부에 등록하는 방법으로 해당 전자단기사채 등에 질권설정 또는 말소등록을 하여야 한다.
③ 제1항 및 제2항에 따른 질권 설정 또는 말소 등록의 신청 및 등록의 방법과 절차에 관하여 필요한 사항은 대통령령으로 정한다.

1. 취지

이 조는 전자단기사채 등에 대한 질권설정의 신청·등록 및 말소에 관한 사항을 마련하여 질권의 발생·변경에 관한 법적 안정성을 도모하기 위해 둔 규정이다.

2. 해설

민법상 무기명사채의 입질은 질권자에게 채권을 교부함으로써 그

---

99) 이는 제반절차를 법에서 상세히 규정하고 있는 일본과는 다른 점이다((日)사채·주식등대체법 제70조).

효력이 생기며100) 계속 점유함으로써 제3자에게 대항할 수 있다. 반면, 기명사채의 입질도 당사자의 의사표시와 사채권(社債券)의 교부로써 효력이 생긴다. 다만, 회사나 기타 제3자에게 대항하기 위해서는 취득자의 성명과 주소를 사채원부에 기재하고 그 성명을 채권에 기재하여야 한다.101) 그런데 전자단기사채는 사채권이 발행되지 않기 때문에 의사표시에 의해 질권설정의 효력이 발생하고 사채원부에의 기재가 대항요건이 되면 유통이 저해된다.

이에 따라 전자단기사채제도에서는 질권설정 및 말소등록 신청에 따라 관련계좌부에 질권설정 및 말소등록을 할 수 있는 간편한 절차를 마련할 필요가 있다. 이를 반영하여 이 조에서는 전자단기사채 등에 질권을 설정·말소하고자 하는 자는 ① 해당 전자단기사채 등의 종류·종목 및 종목별 금액, ② 질권설정자 및 질권자의 성명 또는 명칭 등을 명시하여, 그 전자단기사채 등이 등록된 한국예탁결제원 또는 계좌관리기관에 신청하도록 하고 있다. 이 경우 신청을 받은 한국예탁결제원 또는 계좌관리기관은 질물(質物)인 뜻과 질권자를 등록하는 방법으로 질권을 설정하거나 말소하여야 한다.102)

---

100) 민법 제351조.

101) 이철송, 「(제18판)회사법강의」, 박영사, 2010, 835면. 이에 대하여 회사 및 기타 제3자에 대항하기 위해서는 민법 제349조에 따라 회사에 대하여 질권설정의 사실을 통지하거나 회사로부터 이의 승낙을 얻어야 한다는 주장도 있다(정찬형,「(제3판)회사법강의」, 박영사, 2003, 821면).

102) 일본의 경우에는 질권자 계좌의 질권란에 당해 입질과 관련된 금액의 증액의 기재 또는 기록을 하는 방식을 취하고 있다(사채·주식등대체법 제70조 제4항 제1호)

제11조(신탁재산이라는 사실의 표시 및 말소 등록)

제11조(신탁재산이라는 사실으 표시 및 말소 등록)

① 전자단기사채 등에 대해서 신탁재산인 사실을 표시하거나 그 표시를 말소하려는 자는 다음 각 호의 사항을 구체적으로 밝혀 해당 전자단기사채 등이 등록된 한국예탁결제원 또는 계좌관리기관에 신탁재산이라는 사실의 표시 또는 말소 등록을 신청하여야 한다.

1. 해당 전자단기사채 등의 종류, 종목 및 종목별 금액
2. 수탁자의 성명 또는 명칭
3. 그 밖에 전자단기사채 등이 신탁재산이라는 사실의 표시 및 말소 등록과 관련하여 등록업무규정으로 정하는 사항

② 제1항에 따라 등록 신청을 받은 한국예탁결제원 또는 계좌관리기관은 지체 없이 전자단기사채 등이 신탁재산인 사실을 계좌관리기관 등 자기계좌부 또는 고객계좌부에 해당 표시하거나 말소하는 등록을 하여야 한다.

③ 제1항 및 제2항에 따른 신탁재산인 사실의 표시 또는 말소 등록의 신청 및 등록의 방법과 절차에 관하여 필요한 사항은 대통령령으로 정한다.

1. 취지

이 조는 전자단기사채 등에 대한 신탁재산 표시 및 말소 등록에 관한 절차를 법상 마련하여 신탁과 관련된 사항에 대한 법적 안정성을 도모하기 위하여 둔 규정이다.

2. 해설

신탁이란 신탁설정자(위탁자)와 신탁을 인수하는 자(수탁자)와의 특별한 신탁관계에 기하여 위탁자가 특정의 재산권을 수탁자에게 이전하거나 기타의 처분(지상권, 저당권 등)을 하고, 수탁자로 하여금 일정한 자(수익자)의 이익을 위하여 또는 특정의 목적을 위하여 그

재산권을 관리, 처분하게 하는 법률관계를 말한다.[103] 유가증권에 관하여 신탁은 증권에 신탁재산인 사실을 표시하고 주권과 사채권에 대하여는 주주명부 또는 사채원부에 신탁재산인 사실을 기재함으로써 제3자에게 대항할 수 있도록 하고 있다.[104] 그런데 전자단기사채는 사채권이 발행되지 않기 때문에 이를 신탁재산으로 하는 신탁에 있어서는 신탁을 표시할 객체가 없게 된다.

이런 점을 고려하여 전자단기사채에 대해서는 계좌부상에 신탁재산이라는 사실의 표시 및 말소등록을 하는 규정을 두고 있다. 즉, 전자단기사채 등에 대해 신탁재산인 사실을 표시·표시말소 하고자 하는 자는 ① 해당 전자단기사채 등의 종류·종목 및 종목별 금액, ② 수탁자의 성명 또는 명칭 등을 명시하여, 그 전자단기사채 등이 등록된 한국예탁결제원 또는 계좌관리기관에 신청하도록 하고 있다. 그리고 이러한 신청을 받은 한국예탁결제원이나 계좌관리기관은 지체 없이 해당 전자단기사채 등이 신탁재산인 사실을 표시하거나 말소하도록 하고 있다.

제12조(원리금 지급 등에 따른 등록 말소)

제12조(원리금 지급 등에 따른 등록 말소)
① 원리금 지급, 그 밖에 대통령령으로 정하는 사유로 전자단기사채 등의 등록을 말소하려는 자는 다음 각 호의 사항을 구체적으로 밝혀 해당 전자단기사채 등이 등록된 한국예탁결제원 또는 계좌관리기관에 등록 말소를 신청하여야 한다.
1. 해당 전자단기사채 등의 종류, 종목 및 종목별 금액
2. 채권자의 성명 또는 명칭

---

103) 신탁법 제1조 제2항.
104) 신탁법 제3조 제2항.

1. 취지

이 조는 권리행사 등에 따라 전자단기사채 등에 대한 권리가 소멸하는 경우 그 등록내역을 말소하여 실체적 권리관계에 부합하는 등록상태를 유지하기 위하여 둔 규정이다.

2. 해설

이 법에서 '말소'는 어떤 전자단기사채 등 계좌부상의 등록을 유효한 것이 아니게 하는 것이라는 의미로 사용하고 있다. 말소절차에서 신청을 한 자의 계좌부에는 전자단기사채 등의 금액에 대한 감액이 이루어지게 된다. 이는 해당자가 보유하는 전자단기사채 등의 전액을 다른 자에게 양도하고 대체를 신청한 경우에 그 보유란의 기록이 '0'이 되는 것과 같다. 등록말소신청은 원칙적으로 전자단기사채에 대한 권리를 잃게 되는 자가 하게 된다. 이는 권리의 이해당사자 쌍방이 등록말소를 신청하는 것은 전자단기사채의 원활한 유통을 저해할 우려가 있고, 그 권리를 잃게 되는 자의 신청을 신뢰하는 것이 타당하기 때문이다.

이런 점을 고려하여 이 조에서는 원리금 지급 등의 사유로 전자단기 사채 등의 등록을 말소하고자 하는 자는 ① 해당 전자단기사채 등의 종류·종목 및 종목별 금액, ② 채권자의 성명 또는 명칭, 등을 명시하여, 그 전자단기사채 등이 등록된 한국예탁결제원 또는 계좌관리기관에 신청하도록 하고, 신청을 받은 기관은 지체 없이 해당 전자단기사채 등의 등록을 말소하도록 규정하고 있다. 그 밖에 전자단기사채 등에 대한 권리가 소멸된 경우에는 말소 신청이 없더라도 해당 한국예탁결제원 또는 계좌관리기관이 직권으로 등록 말소할 수 있도록 하고 있다. 이는 실체적 관리관계의 부합을 위해서 둔 규정이라고 할 수 있다.

제13조(등록의 효력)

제13조(등록의 효력)
① 계좌관리기관 등 자기계좌부 및 고객계좌부에 등록된 자는 해당 전자단기사채 등에 대하여 등록된 권리를 적법하게 가지는 것으로 추정한다.
② 전자단기사채 등을 양도하는 경우에는 제9조에 따라 해당 전자단기사채 등을 계좌 간 대체하는 등록을 하여야 그 효력이 발생한다.
③ 전자단기사채 등을 질권의 목적으로 하는 경우에는 제10조에 따라 질권을 설정하는 등록을 하여야 그 효력이 발생한다.
④ 전자단기사채 등의 신탁은 「신탁법」 제3조제2항에도 불구하고 제11조에 따라 해당 전자단기사채 등이 신탁재산이라는 사실을 등록을 하여야 제3자에게 대항할 수 있다.
⑤ 선의(善意)로 중대한 과실 없이 계좌관리기관 등 자기계좌부 또는 고객계좌부의 권리 내용을 신뢰하고 권리자로 등록된 자는 해당 전자단기사채 등에 대한 권리를 적법하게 취득한다.

1. 취지

이 조에서는 전자단기사채 등의 계좌부등록의 효력을 권리의 유형별로 마련하고, 계좌부상의 권리관계를 신뢰한 선의취득자에 대한 보호장치에 관하여 정하고 있다.

2. 해설

이 조에서는 등록을 통한 권리발생 및 변동의 법적 안정성 확보를 위해 고객계좌부 및 자기계좌부에 등록된 자는 ① 적법한 권리자로 추정 받고(제1항) ② 권리양도 및 질권 설정은 등록을 해야 효력이 발생하며(제2항, 제3항), ③ 신탁은 등록을 해야 제3자에게 대항이 가능하고(제4항), ④ 계좌부상 권리관계를 신뢰한 선의·무중과실권리취득자는 선의취득자로 보호받는다는 취지(제5항)를 규정하고 있다.

첫째, 계좌관리기관 등 자기계좌부 및 고객계좌부에 등록된 자에 대하여 그 등록된 전자단기사채에 관한 권리를 적법하게 취득하는 것으로 추정한다(권리추정력). 이처럼 권리추정규정을 둔 그 논거는 다음과 같다. ① 유가증권법리에서는 유가증권을 보유하는 자를 권리를 갖는 자로 추정하여 유통성을 높여 왔다. 따라서 증권 실물이 발행되지 않는 전자단기사채제도에서도 동일하게 그 유통성을 높일 필요가 있다. ② 전자단기사채제도에서는 전자단기사채의 내용 및 귀속을 계좌부상의 등록에 따라 결정하려는 것이다. 이 경우 이러한 계좌부의 등록과 본권(사채권, 사채를 목적으로 하는 질권 등)의 소재는 일치할 개연성이 높도록 설계되어 있기 때문에 권리추정규정을 두는 것이 가능하다. ③ 실물증권이 발행된 경우에는 '점유(占有)'라는 공시방법에 의해 권리추정력이 인정된다. 그러나 전자적으로 권리가 등록되는 전자단기사채제도에서는 '계좌부상의 등록'이 일한 공시방법이기 때문에 계좌부에 등록된 사실에 대하여 권리추정력을 인정할 필요가 있다.[105]

둘째, 원칙적으로 무기명사채의 양도는 상법에 규정이 없으므로 민법의 규정에 따라 양수인에게 채권(債券)을 양도함으로써 그 효력이 생기며, 계속 점유함으로써 제3자에게 대항할 수 있다. 이에 비하여 기명사채는 지시식으로 되어 있지 않는 한 그 양도는 당사자의 의사표시와 사채권의 교부로서 효력이 발생한다. 그러나 사채를 취득한 자의 성명 등을 사채원부에 기재하여야 사채발행회사 및 기타 제3자에 대하여 대항할 수 있다.106) 그런데 전자단기사채는 사채권이 발행되지 않아 의사표시에 의해 양도의 효력이 발생하고 사채원부에의 기재가 대항요건이 되게 되면 유통을 저해하게 된다. 따라서 전자단기사채의 양도에 대하여는 양수인의 계좌부상 증가기록으로써 전자단기사채 양도의 효력 및 대항요건을 모두 갖추는 것으로 할 필요가 있다.

셋째, 현행법상 사채권(社債券)이 발행된 사채에 입질(入質)을 하고자 하는 경우에는 질권설정계약과 질권의 목적물인 사채권의 인도가 효력요건이다. 무기명사채에 입질을 하고자 하는 경우 무기명사채는 동산으로 간주되기 때문에 동산질과 마찬가지로 사채권의 계속점유가 대항요건이다. 그런데 사채권(社債券)이 발행되지 않는 전자단기사채에 대하여 입질을 하고자 하는 경우 민법의 일반원칙으로 돌아가 의사표시만으로 질권설정의 효력이 발생하고, 확정일자 있는 증서에 의한 질권설정에 의한 질권설정에 관한 제3 채무자에 대한 통지 또는 제3 채무자의 승낙을 대항요건으로 하는 경우에는 전자단

---

105) 그러나 고객관리계좌는 단지 계좌관리기관이 관리하는 고객계좌상의 전자단기사채 수량의 정확성을 파악하기 위한 단순관리목적의 계좌에 해당한다. 따라서 한국예탁결제원이 관리하는 계좌관리기관명의의 고객관리계좌에 대하여는 권리추정력이 부여되지 않는다.

106) 상법 제479조 제1항.

기사채에 요구되는 유동성이 현저히 저하되게 된다. 이런 점을 고려하여 권리의 전자적 등록방식을 취하는 전자단기사채의 입질에 대하여는 실물증권이 발행된 경우와 동일하게 유동성을 확보할 필요가 있다. 이에 전자단기사채 제도에서는 계좌부상에 질권내역을 등록하여 전자단기사채에 대한 입질의 효력요건을 갖추는 것으로 하고 있다.

넷째, 전자단기사채는 관공서가 비치하는 공적 장부에 등기하거나 등록하여야 하는 재산권이 아니며 실물증권이 발행되는 것도 아니다. 따라서 이것을 신탁재산으로 하는 경우에는 특별히 대항요건을 구비하지 않아도 제3자에게 대항할 수 있는 것이 원칙이다. 그러나 전자단기사채에 대하여도 증권예탁제도상의 예탁증권과 같이 계좌부상에 신탁재산이라는 사실을 등록하여 신탁관계를 공시하는 것이 거래의 안정성 확보차원에서 바람직하다. 따라서 신탁법 제3조(신탁의 공시)의 특칙으로 계좌부에의 등록을 제3자에 대한 대항요건으로 정할 필요가 있다.[107]

다섯째, 선의취득은 유가증권이나 동산의 점유라는 외관에 공신력(公信力)을 부여하여 그 외관을 신뢰하여 거래한 자를 보호하기 위한 제도로서 선의취득자를 보호하고 이를 통한 거래의 안정성을 확보하는 것이 그 본래의 취지이다. 그런데 전자단기사채제도에서는 실물증권이 발행되지 않아 선의취득의 성립을 위한 전제조건인 '점유(占有)'라는 외관이 존재하지 않는다. 따라서 전자단기사채에 대하여는 선의취득의 법리를 적용하는 것이 곤란하다는 견해도 있을 수

---

107) 그런데 개정신학법(2011년 7월 25일 개정, 2012년 7월 26일 시행) 제4조(신탁의 공시와 대항)에서는 제1항에 "등기 또는 등록할 수 있는 재산권에 관하여는 신탁의 등기 또는 등록을 함으로써 그 재산이 신탁재산에 속한 것을 제3자에게 대항할 수 있다"라고 규정하고 있다. 따라서 전자단기사채법 제13조 제4항의 규정도 개정신탁법 제4조 제1항에 맞추어 개정되어야 할 것으로 본다.

있다. 그러나 전자단기사채제도에서는 비록 전자화된 것이기는 하지만 '계좌부상의 등록'이라는 외관이 엄연히 존재한다. 그리고 이것을 신뢰하여 모든 거래가 계좌 대체의 형태로 이루어진다. 그런데 만일 계좌부의 기재에 대하여 공신력을 부여하지 않는 경우에는 양수인이 일일이 양도인의 실질적인 권리 유무를 조사하여야 한다. 이 경우에는 전자단기사채의 유동성이 현저히 저하되고, 전자단기사채제도를 도입한 취지도 몰각될 수 있다.

이런 측면에서 볼 때 '계좌부상의 등록'이라는 외관을 신뢰한 선의의 제3자를 보호할 필요가 있고, 이를 위해서는 전자단기사채에 대하여도 선의취득의 법리를 인정하는 것이 바람직하다. 그런데 선의취득이 성립하기 위해서는 대체신청에 의해 전자단기사채에 대하여 증액의 등록을 받아야 한다. 예컨대, 매매 등이 이루어지지 않고 대체등록신청이 없음에도 불구하고 어떤 이유에서 A의 계좌에서 B의 계좌로 대체등록이 된 경우, B는 이 조에 의한 선의취득의 보호를 받을 수 없는 무권리자이며, A가 여전히 사채권자에 해당한다. 그런데 B가 이를 C에게 양도하고 대체등록을 신청한 경우에는 C가 선의이고 중과실이 아닌 한 C의 선의취득이 성립한다. 그리고 증액의 등록을 받은 자는 대체등록 시 선의이고 중과실이 아닐 것을 요하며, 이 경우에 전자단기사채 등에 대한 권리를 취득하게 된다. 아울러, 선의 취득되는 권리와 양립할 수 없는 권리가 존재하는 경우에는 해당 권리는 소멸하게 된다.108)

---

108) 선의취득에 대해서는 일본 사채·주식 등 대체법에서도 우리와 동일한 태도를 보이고 있다(사채·주식 등 대체법 제73조, 제74조, 제75조. 제76조, 제77조).

제14조(실물 증권 발행의 금지)

제14조(실물 증권 발행의 금지) 누구든지 전자단기사채 등에 대해서는 실물 증권(證券)을 발행해서는 아니 된다.

1. 취지

이 조는 전자단기사채 등의 완전 무권화(無券化)·전자화(電子化)에 관하여 정하고 있다.

2. 해설

이 조는 실물(實物) 발행으로 파생되는 ① 경제적 비용발생·사무부담, ② 위변조 발생 등의 리스크 차단, ③ 신용리스크의 차단, ④ 기업어음의 지방소재기업 이용곤란 등의 문제를 해결하기 위한 규정이다. 이를 위해 전자단기사채 등에 대해서는 그 권리를 표창(表彰)하는 실물(實物)인 증권(證券)의 발행을 완전 금지하여 그 간 기업어음의 실물발행이 강제[109]됨에 따라 파생되는 다양한 문제의 해결을 도모하고 있다.[110]

---

[109] 자본시장법상 기업어음의 정의를 '기업이 사업에 필요한 자금을 조달하기 위하여 발행한 약속어음(법 제4조제3항)으로서, 은행 등이 제공한 <u>어음용지</u>에 '기업어음증권'이라는 문자가 <u>인쇄된 것</u>(시행령 제4조)'이라고 한 데서 근거한다.

[110] 일본의 경우에도 이와 유사한 규정을 두고 있다(사채·주식 등 대체법 제67조).

제4장 전자단기사채 등에 대한 권리행사

제15조(권리 행사)

제15조(권리 행사)
① 권리자는 한국예탁결제원을 통하여 원리금 수령이나 그 밖에 전자단기사채 등에 대한 권리를 행사할 수 있다.
② 제1항에 따라 권리를 행사하려는 권리자는 한국예탁결제원을 통하여 권리를 행사한다는 뜻과 권리 행사의 내용을 구체적으로 밝혀 한국예탁결제원에 신청하여야 한다. 이 경우 고객계좌부에 등록된 권리자는 계좌관리기관을 거쳐 신청하여야 한다.

1. 취지

이 조는 한국예탁결제원을 통하여 권리행사를 하도록 유도함으로써 권리자의 권리행사 편의성을 높이고 효율성을 도모하기 위하여 둔 규정이다.

2. 해설

이 조에서는 한국예탁결제원을 통해 권리를 행사하고자 하는 자를 위한 권리행사 방법에 관하여 정하고 있다. 전자단기사채권자는 원칙적으로 한국예탁결제원 또는 계좌관리기관이 관리하는 계좌부에 등록된 전자단기사채에 대하여 직접 권리를 취득한다. 따라서 전자단기사채권자는 발행인에 대하여 모든 권리를 직접 행사할 수 있다. 그러나 모든 전자단기사채권자가 개별적으로 직접 권리를 행사하게 되면 전자단기사채의 발행·유통 및 권리행사의 원활화를 목적으로 도입한 전자단기사채의 도입취지가 몰각될 우려가 있다.

이에 사무 부담의 경감과 업무처리의 효율화라는 관점에서 권리자의 신청에 기하여 한국예탁결제원이 예탁증권에 대한 권리를 일괄 행사하는 현행 증권예탁제도에서의 간접권리행사방식을 전자단기사채에도 원용할 필요가 있다.111) 이를 통하여 발행인은 다수의 차권자를 직접 상대하는 데 따르는 업무 부담을 크게 줄일 수 있다. 또한, 전자단기사채권자의 입장에서도 여러 발행인을 상대로 권리행사를 하여야 하는 불편과 권리행사기간 내에 권리행사를 하지 못하여 권리가 상실될 수 있는 위험을 피할 수 있는 것이다. 이런 점을 고려하여 이 조에서는 전자단기사채 등의 권리자가 한국예탁결제원을 통한 원리금의 수령이나 그 밖의 전자단기사채 등에 대한 권리행사가 가능하도록 하고 있다.

전자단기사채권자가 한국예탁결제원을 통한 간접권리행사방식을 선택한 경우에는 해당 전자단기사채권자의 신청이 있어야만 가능하도록 하고 있다. 다만, 한국예탁결제원은 고객계좌부에 등록된 권리의 총액만을 고객관리계좌부를 통하여 관리한다. 따라서 전자단기사채권자가 계좌관리기관의 고객인 경우에는 해당 계좌관리기관을 통하여 한국예탁결제원에 권리행사를 신청하여야 한다.

---

111) 자본시장법 제314조(예탁증권 등의 권리행사) ① 예탁결제원은 예탁자 또는 그 투자자의 신청에 의하여 예탁증권 등에 대한 권리를 행사할 수 있다. 이 경우 투자자의 신청은 예탁자를 거쳐야 한다.

제16조(채권자증명서)

제16조(채권자증명서)

① 한국예탁결제원 또는 계좌관리기관은 채권자가 자신의 지위를 입증하기 위하여 전자
단기사채 등의 등록을 증명하는 문서(이하 "채권자증명서"라 한다)의 발행을 신청하
는 경우에는 대통령령으로 정하는 방법에 따라 이를 발행하여야 한다.

② 한국예탁결제원 또는 계좌관리기관은 제1항에 따라 채권자증명서를 발행하였을 때에
는 해당 발행인 및 그밖에 대통령령으로 정하는 자(이하 "발행인 등"이라 한다)에게
그 사실을 지체 없이 통지하여야 한다.

③ 제1항에 따라 채권자증명서를 발행한 한국예탁결제원 또는 계좌관리기관은 대통령령
으로 정하는 바에 따라 계좌관리기관 등 자기계좌부 또는 고객계좌부에 그 채권자증
명서 발행의 기초가 된 전자단기사채 등의 처분을 제한하는 등록을 하여야 하며, 그
채권자증명서가 반환되었을 때에는 그 처분을 제한하는 등록을 말소하여야 한다.

④ 채권자가 제1항에 따라 발행된 채권자증명서를 발행인 등에게 제출한 경우에는 그
발행인 등에 대하여 채권자로서의 권리를 행사할 수 있다.

1. 취지

이 조는 전자단기사채권자가 완전 무권화·전자화된 전자단기사채
등에 대한 권리를 증명하거나 권리를 행사하고자 할 경우 채권자로
서의 지위를 입증하기 위한 수단을 마련하기 위한 취지로서, 채권자
의 개별적 권리행사의 편익을 도모하기 위해 둔 규정이다.

2. 해설

이 조에서는 완전 무권화·전자화된 전자단기사채 등에 대한 권리
증명 및 권리행사의 편익 제공을 위한 채권자증명서제도에 관하여
정하고 있다. 일반사채는 사채권자의 권리행사에 있어서 발행자가
사채원부를 확인하면 충분하다. 그러나 전자단기사채제도에서는 사채

원부가 회사에 대한 대항요건이 아니다. 이처럼 전자단기사채에 관하여는 사채원부를 작성을 배제시키고 있기 때문에 계좌부의 등록을 확인할 필요가 있다.

이를 위해 이 조에서는 채권자가 발행자에 대하여 채권자로서의 지위를 입증하여 권리를 행사하기 위해서는 한국예탁결제원이나 계좌관리기관이 계좌부에의 등록을 증명하는 서면을 채권자에게 교부하도록 하는 체계를 취하고, 채권자가 그 증명서를 교부받은 후 발행자에게 제시하도록 하고 있다. 전자단기사채의 원리금 상환 등 발행자에 대한 채권자의 집단적인 권리행사는 원칙적으로 한국예탁결제원을 통하여 간접적인 방식으로 행사하는 것이 효율적이다. 그러나 전자단기사채 발행자의 합병 등으로 발행자의 책임재산에 변동이 발생한 경우에는 합병 등에 이의가 있는 채권자를 보호하기 위해 상법상 채권자보호절차에 따라 채권자를 보호할 필요가 있는 것이다.[112]

이처럼 개별채권자가 발행자에 대하여 직접적인 권리행사를 하기 위해서는 발행자 등에게 자신이 권리자임을 증명할 필요가 있다. 이를 위해 이 조에서는 한국예탁결제원 또는 계좌관리기관은 채권자가 채권자로서의 권리행사를 위해 채권자증명서의 발행을 신청하는 경우 이를 발행하도록 하고 있다. 그리고 증명서발행기관은 그 발생사실을 지체 없이 발행인 등에게 통지하도록 하고 있다. 그 외에 채권자증명서 발행의 기초가 된 전자단기사채 등에 대해서는 처분이 제한된다는 뜻을 계좌부에 등록하여야 하고,[113] 그 채권자증명서를

---

112) 주식회사의 경우 사채권자집회의 결의에 의한 이의제기만 허용하고 있다. 그러나 전자단기사채의 경우에는 상법상 사채권자집회 관련규정의 적용을 배제하고 있기 때문에 개별채권자에 의한 이의제기가 필요하다.

113) 권리행사 기간 중 채권자 지위변동에 따른 혼란방지를 위해 해당 금액에 대하여 일정 기간 처분제한 조치를 하게 된다.

반환하는 때에는 그 처분이 제한된다는 뜻의 등록을 말소하여야 한다. 이처럼 채권자가 채권자증명서를 발행인 등에게 제출한 경우에는 그 발행인 등에 대하여 채권자로서의 권리를 행사할 수 있다. 이러한 채권자증명서제도는 자본시장법상의 실질주주증명서제도와 그 입법취지가 유사한 것으로서,114) 일본의 단기사채제도에서도 이와 유사한 제도를 두고 있다.115)

제17조(소유내용의 통지)

제17조(소유내용의 통지)
① 한국예탁결제원 또는 계좌관리기관은 채권자가 자신의 전자단기사채 등에 대한 소유내용을 발행인 등에게 통지하여 줄 것을 신청하는 경우에는 통지내용의 유효기간 등 대통령령으로 정하는 사항을 대통령령으로 정하는 방법에 따라 통지하여야 한다.
② 한국예탁결제원 또는 계좌관리기관은 제1항에 따라 소유내용을 통지하였을 때에는 대통령령으로 정하는 바에 따라 계좌관리기관등자기계좌부 또는 고객계좌부에 그 통지의 기초가 된 전자단기사채 등의 처분을 제한하는 등록을 하여야 하며, 그 통지에서 정한 유효기간이 만료되었을 때에는 그 처분을 제한하는 등록을 말소하여야 한다.
③ 채권자는 제1항에 따라 통지된 내용에 대하여 해당 전자단기사채 등의 발행인 등에게 채권자로서의 권리를 행사할 수 있다.

1. 취지

이 조문의 기본 취지는 제16조의 채권자증명서 제도와 유사하며, 소유내용 통지를 통해 완전 무권화·전자화된 권리에 대한 권리증명 및 권리행사에 대한 보완장치를 마련하기 위한 것이다.

---

114) 자본시장법 제318조, 동법 시행규칙 제32조
115) 사채·주식등대체법 제86조.

2. 해설

이 조는 완전 무권화·전자화된 전자단기사채 등에 대한 권리증경 및 권리행사의 편익 제공을 위해 소유내역의 통지에 관한 사항을 규정하고 있다. 한국예탁결제원 또는 계좌관리기관은 채권자가 채권자로서의 권리를 행사하기 위해 자신의 소유내용을 발행인 등에게 통지하여 줄 것을 신청하는 경우 이를 통지하여야 한다. 이 경우 그 통지의 기초가 된 전자단기사채 등에 대해서는 권리행사기간 동안 처분이 제한된다는 사실을 등록하여야 한다. 그리고 채권자는 그 통지를 받은 발행인 등에 대해 채권자로서의 권리를 행사할 수 있다.

이 조는 발행자의 파산 등으로 책임재산에 위험이 발생할 경우, 채권자가 자신이 채권자라고 발행자에게 통지할 방법을 마련해 주고 있다(동조 제1항). 이와 함께, 채권자 자신이 정한 유효기간 동안은 처분이 제한되도록 하여 통지 이후 채권자가 갑자기 변경되어 손해를 입는 당사자가 생기지 않도록 하고 있다(동조 제2항). 일본에서도 소수주주권 등의 행사와 관련하여 이와 유사한 규정을 두고 있다.[116]

제18조(권리 내용의 열람 등)

제18조(권리 내용의 열람 등)
① 한국예탁결제원 또는 계좌관리기관은 해당 기관에 계좌관리기관 등 자기계좌 또는 고객계좌를 개설한 권리자가 자신의 권리내용을 정보통신망 등을 통하여 열람 또는 출력·복사할 수 있도록 하여야 한다.
② 한국예탁결제원은 발행인관리계좌를 개설한 발행인이 자신의 발행내역을 정보통신망 등을 통하여 열람 또는 출력·복사할 수 있도록 하여야 한다.

---

116) 사채·주식등대체법 제154조.

1. 취지

이 조는 권리자와 발행인 자신과 관련된 권리내역이나 발행내역에 대한 용이한 정보 접근 장치를 제공하여 권리자와 발행인의 알권리를 충분히 보장하기 위한 것이다.

2. 해설

이 조는 전자단기사채 등의 권리자에게는 자신의 권리내역을, 발행인에게는 자신의 발행내역을 각각 정보통신망 등을 통해 접근할 수 있는 수단을 제공하기 위하여 둔 규정이다. 한국예탁결제원과 계좌관리기관은 해당 기관에 계좌를 개설한 권리자에 대해 자신의 권리내역을 정보통신망 등을 통하여 열람 또는 출력·복사할 수 있도록 하여야 한다. 아울러, 한국예탁결제원은 발행인관리계좌를 개설한 발행인에 대해 자신의 발행내역을 정보통신망 등을 통하여 열람 또는 출력·복사할 수 있도록 하여야 한다. 일본에서도 가입자나 정당한 이유가 있는 이해관계자는 소정의 비용을 지불하고 권리내역정보를 청구할 수 있도록 하고 있다.117)

---

117) 사채·주식등대체법 제277조.

제5장 권리자 보호

제19조(초과분에 대한 말소의무 등)

제19조(초과분에 대한 말소 의무 등)
① 계좌관리기관은 제1호의 금액이 제2호의 금액을 초과하는 경우에는 대통령령으로 정하는 바에 따라 지체 없이 그 초과분을 말소하여야 한다.
1. 고객계좌부에 등록된 전자단기사채 등의 종목별 총액
2. 고객관리계좌부에 기록된 전자단기사채 등의 종목별 총액
② 한국예탁결제원은 제1호의 금액이 제2호의 금액을 초과하는 경우에는 대통령령으로 정하는 바에 따라 지체 없이 그 초과분을 말소하여야 한다.
1. 계좌관리기관 등 자기계좌부에 등록된 전자단기사채 등의 종목별 총액과 고객관리계좌부에 기록된 전자단기사채 등의 종목별 총액의 합
2. 발행인관리계좌부에 기록된 전자단기사채 등의 종목별 총액
③ 제1항 또는 제2항에 따른 초과분에 대한 말소 의무의 일부 또는 전부를 이행하지 않은 경우에는 말소 의무가 있는 계좌관리기관 또는 한국예탁결제원이 대통령령으로 정하는 바에 따라 말소되지 않은 초과분에 해당하는 전자단기사채 등의 원리금을 지급할 의무를 진다.
④ 제1항부터 제3항까지의 규정에 따른 의무를 이행한 계좌관리기관 또는 한국예탁결제원은 각각 해당 초과분의 발생에 대하여 책임 있는 자에게 구상권(求償權)을 행사할 수 있다.

1. 취지

이 조는 채권자가 보유하는 전자단기사채의 총액이 그 발행금액을 초과하는 경우 초과등록과 관련한 한국예탁결제원 또는 계좌관리기관의 의무를 규정하고 있다.

2. 해설

  전자단기사채의 취득은 ① 특정 채권자의 계좌부에 등록되어야 하는 전자단기사채가 잘못하여 무권리자의 계좌부에 등록되어 그 무권리자가 이를 기화로 계좌 대체등록을 한 경우와[118] ② 한국예탁결제원이나 계좌관리기관이 전자단기사채금액을 잘못 등록하여 채권자가 이 초과기록을 기화로 타인의 계좌로 대체 등록하는 경우[119]에 성립하게 된다. ①의 경우에는 전자단기사채의 발행총액이 증가하지 않는다. 그런데 ②의 경우에는 이른바 무(無)에서 유(有)가 생기게 되어, 전체적으로 보면 발행총액 이상의 전자단기사채가 존재하게 된다.
  이 경우 ②와 같이 전자단기사채의 총액이 전자단기사채의 발행총액을 초과하는 때에는 전자단기사채의 발행자는 (i) 발행액 만에 대하여 채무를 부담하는지, 아니면 (ii) 발행자는 발행액 만에 대하여 채무를 부담하고 선의 취득한 자를 포함하여 전자단기사채의 각 채권자의 권리가 축소되는지 여부 등 그 권리관계가 명확하지 않게 된다. 이 경우 발행자에게 초과분에 대해서까지 상환의무를 부과하는 것은 타당하지 않다. 또한, 전자단기사채에 대한 채권자의 권리를 축소시키는 것은 전자단기사채의 채권자에게 예상할 수 없는 피해를 주게 되고 법률관계를 복잡하게 하는 등 전자단기사채의 유통을 저해하게 된다. 따라서 이 경우에는 한국예탁결제원이나 계좌관리기관

---

118) 예컨대, A의 계좌에 대체 등록되어야 하는 100의 전자단기사채를 잘못하여 B의 계좌에 대체 등록한 경우 B가 이를 기화로 이 100의 전자단기사채를 선의, 무 중과실인 C에게 매각하여 C의 계좌로 대체 등록된 경우를 들 수 있다.

119) 예컨대, A의 계좌에 100으로 등록되어야 하는 것을 한국예탁결제원이나 계좌관리기관이 잘못하여 1,000으로 등록한 경우, A가 이를 기화로 이 1,000의 전자단기사채를 선의, 무중과실인 B에게 매각하여 B의 계좌로 대체된 경우를 들 수 있다.

으로 하여금 초과액에 상당하는 금액의 전자단기사채를 말소하여야 할 의무를 부과할 필요가 있게 된다.

이러한 초과분의 발생 여부를 체크하기 위해 한국예탁결제원과 계좌관리기관은 매 영업일 영업시간 종료 후 전자단기사채 등의 금액을 종류와 종목별로 대사하여 금액을 확인하게 된다. 그리고 확인결과 전자단기사채 총 발행금액과 계좌부 현황이 불일치(초과 또는 부족)하게 될 경우에는 그 해소절차에 들어가게 된다. 다시 말해서, 업무상 착오로 권리가 등록되어 있는 계좌(고객계좌부 등)에 표시된 고객보유량이나 계좌관리기관 등의 전자단기사채 보유량이 관리장부(고객관리계좌부 또는 발행인관리계좌부)에 기록해둔 금액보다 많은 경우가 발생할 수 있다. 이 경우 이를 그대로 두면 실제로 존재하지 않는 전자단기사채에 대해 원리금 지급청구가 이루어지는 등 거래안정성이 교란될 수 있다. 이에 이 조에서는 업무상 과실 등에 따라 불측의 초과분 등록이 발생하는 경우에 대비한 처리방법을 마련하여 제도의 안정성을 도모하고 있다.

우선, 계좌관리기관은 각 일반고객이 보유한 것으로 등록된(고객계좌부) 전자단기사채의 총액이 고객관리계좌부에 기록된 총액을 초과할 경우에도 그 초과분을 말소해야 한다. 이렇게 하면 등록된 양과 기록된 양이 일치하게 되어 존재하지 않는 전자단기사채를 근거로 제3자가 발행자에게 권리를 행사하는 등의 문제는 발생되지 않는다. 그런데 만일 계좌관리기관이 초과분을 말소하지 않는 경우에는 그 초과된 전자단기사채의 원리금 지급의무는 발행자가 아닌 계좌관리기관이 부담하게 된다. 이 경우 이러한 지급의무를 이행한 계좌관리기관은 그 초과분의 발생에 책임 있는 자에게 구상권을 행사할 수 있도록 하고 있다.

이러한 원리로 한국예탁결제원도 고객들의 자기계좌부 및 고객관리계좌부상 보유한 것으로 표시된 전체 전자단기사채의 총액이 발행내역을 기록한 장부인 발행인관리계좌부상 발행총액보다 많을 경우에 그 초과부분을 말소하여야 한다. 만일, 한국예탁결제원이 말소의무를 이행하지 않을 경우에는 초과분에 대한 원리금을 지급하여야 하고, 이를 지급한 경우에는 책임 있는 자에 대하여 구상권을 행사할 수 있다. 이처럼 초과분이 말소되지 아니한 경우에는 말소의무를 지는 한국예탁결제원 또는 계좌관리기관이 그 초과분에 대한 원리금의 지급의무를 부과하여 일차책임기관이 말소의무를 이행하지 못하는 경우에 대비한 보완장치를 두고 있다.

한편, 실물증권을 기반으로 해당 증권을 혼장보관하는 현행증권예탁제도에서는 누구의 증권에 부족이 발생하였는지 여부를 특정할 수 없다. 이에 자본시장법에서는 한국예탁결제원과 고객을 가진 모든 예탁자에게 연대보전의무를 지도록 하고 있다.[120] 이에 비하여, 전자단기사채는 혼장보관되지 아니할 뿐 아니라 초과기재에 대한 과실주체를 명확하게 파악할 수 있다. 이에 따라 해당 초과기재에 대하여 책임 있는 계좌관리기관과 전자단기사채제도의 운영주체인 한국예탁결제원에 그 책임을 부과하고 있는 것이다. 참고로 단기사채제도를 도입하고 있는 일본의 경우에도 유리와 유사한 초과분의 말소와 관련된 규정을 두고 있다.[121]

---

120) 자본시장법 제313조.

121) 사채 · 주식등대체법 제78조, 제79조, 제80조.

제20조(초과분에 대한 권리행사 제한)

제20조(초과분에 대한 권리행사 제한)

① 제19조제1항에 따른 초과분이 발생한 경우에는 제19조제1항에 따른 의무가 이행될 때까지 그 의무가 발생한 계좌관리기관의 고객계좌부에 해당 전자단기사채 등의 차권자로 등록된 자로서 대통령령으로 정하는 자는 대통령령으로 정하는 바에 따라 산정(算定)된 금액에 대하여 발행인에게 대항하지 못한다.

② 제19조제2항에 따른 초과분이 발생한 경우에는 제19조제2항에 따른 의무가 이행될 때까지 해당 전자단기사채 등의 채권자로 등록된 자로서 대통령령으로 정하는 자는 대통령령으로 정하는 바에 따라 산정된 금액에 대하여 발행인에게 대항하지 못한다.

1. 취지

이 조는 진정한 권리에 해당하는 금액보다 초과된 금액이 등록될 경우에 발생할 수 있는 발행인의 책임 없는 의무 부담 방지를 위하여 둔 규정으로서 그 초과된 금액에 대해서는 발행인에 대한 권리행사를 제한하는 규정을 두고 있다.

2. 해설

이 법 제19조에서는 본래의 전자단기사채발행총액을 초과하는 금액에 대해 한국예탁결제원이나 계좌관리기관이 의무를 완전히 이행할 때까지 발행자는 원금상환이나 이자 지급의 의무를 지지 않도록 하고 있다. 그 대신에 해당 금액에 대해서는 한국예탁결제원이나 계좌관리기관이 발행자를 대신하여 상환·지급의무를 지는 것으로 규정하여 발행자와 채권자의 이익을 조정하고 있다. 이처럼 초과등록 발생에 책임이 없는 발행인에 대해서는 자신이 발행한 채권금액 디

상으로 상환의무를 부담하지 않도록 하고 있다.

이런 연장 선상에서 이 조문에서는 발행인이 오기 등으로 인해 자신이 발행한 채권 이상으로 책임을 지는 일이 없도록 하기 위해 발행인의 책임 없는 사유로 인한 의무 확대·부담 방지를 위한 규정을 두고 있다. 이를 위해 고객계좌부에 초과분 발생이 있는 경우에는 말소의무 이행 시까지 그 의무가 발생한 계좌관리기관의 고객계좌부에 해당 전자단기사채 등의 채권자로 등록된 자로서 대통령령으로 정하는 자는 대통령령으로 정하는 바에 따라 산정된 금액에 대하여 발행인에게 대항할 수 없도록 하고 있다. 아울러, 한국예탁결제원이 관리하는 계좌관리기관 등 자기계좌부에 초과분 발생이 있는 경우에도 말소의무 이행 시까지 해당 전자단기사채 등의 채권자로 등록된 자로서 대통령령으로 정하는 자는 대통령령으로 정하는 바에 따라 산정된 금액에 대하여 발행인에게 대항할 수 없도록 하고 있다.[122) 참고로 일본도 우리와 유사한 규정을 두고 있다.[123)

---

122) 일본과 달리 우리나라는 발행인에게 대항할 수 없는 자와 그 금액의 산정을 대통령령에 위임하고 있는 바 세부내용은 대통령령에서 정해지게 된다. 그런데 초과기록과 관련된 의무를 지는 한국예탁결제원이나 계좌관리기관에 계좌를 개설하고 있는 각 채권자는 그 보유하는 권리금액에 따라 평등하게 취급될 필요가 있다. 따라서 각 채권자들은 자신들이 보유하는 전자단기사채의 금액에 따라 안분한 금액에 대하여 발행자에 대하여 권리가 없도록 하고, 그 대신 한국예탁결제원이나 계좌관리기관에 권리를 갖도록 하는 것이 바람직해 보인다.

123) 사채·주식등대체법 제80조, 제81조.

제21조(등록 정보 등의 보안)

제21조(등록 정보 등의 보안)
① 누구든지 한국예탁결제원 또는 계좌관리기관의 전자단기사채 등의 등록 및 관리를 위한 정보시스템에 거짓정보 또는 부정한 명령을 입력하거나 권한 없이 정보를 입력·변경하여서는 아니 된다.
② 누구든지 한국예탁결제원 드는 계좌관리기관에 보관된 등록 또는 기록정보를 멸실하거나 훼손해서는 아니 된다.
③ 누구든지 정당한 접근권한 없이 또는 허용된 접근권한을 초과하여 한국예탁결제원 또는 계좌관리기관의 전자단기사채 등의 등록 및 관리를 위한 정보통신망에 침입해서는 아니 된다.

1. 취지

이 조는 등록정보를 보호하기 위해 한국예탁결제원 또는 계좌관리기관의 정보시스템에 대한 침입행위 등을 금지하기 위해 둔 규정이다.

2. 해설

이 조에서는 정보시스템 등에 대한 구체적 의무·금지 사항을 경확히 하여 정보 보호를 강화함으로써 제도 운영의 안정성을 도모하고 있다. 이를 위해 한국예탁결제원 또는 계좌관리기관의 정보시스템에 대한 거짓정보 또는 부정한 명령입력 및 권한 없는 자의 정보입력·변경을 금지하고 있다. 아울러, 한국예탁결제원과 계좌관리기관에 보관된 등록정보에 대한 멸실·훼손 또는 비밀침해를 금지하고 있다. 그 외에 정당한 접근권한이 없거나 허용된 접근권한을 초과하여 한국예탁결제원 또는 계좌관리기관의 정보통신망에 침입하거나 침입을 시도하는 것을 금지하고 있다. 이는 전자문서 등의 위조 및 변조, 허위 증명서 발급 등의 금지나 비밀침해를 규정한 전자거래기본법 등과 태도를 같이 하는 것이다.

제22조(직무관련 정보의 이용 금지)

1. 취지

이 조는 등록업무 관련정보를 취급하거나 취득할 수 있는 지위에 있는 자와 그 지위에 있었던 자에 대한 등록업무 관련정보의 부정이용에 대한 금지의무를 부여하고 있다.

2. 해설

이 조에서는 한국예탁결제원 또는 계좌관리기관의 임직원 또는 임직원이었던 자에게 직무관련 정보의 부정이용을 금지함으로써 정보보호를 한층 강화하고 있다. 한국예탁결제원과 계좌관리기관은 직무상 알게 된 정보로서 외부 비공개정보를 정당한 사유 없이 자기 또는 는 제삼자의 이익을 위해 이용할 수 없으며, 재직 중인 임직원 외에

과거 임직원이었던 자에 대해서도 동일한 의무를 부여하고 있다. 이는 직무상 알게 된 정보이용 금지를 규정한 자본시장법 등과 태도를 같이 하는 것이다.

제23조(준용규정)

제23조(준용규정) 한국예탁결제원 및 계좌관리기관의 등록 및 관리업무에 관하여는 「금융실명거래 및 비밀보장에 관한 법률」 제4조를 준용한다.

1. 취지

이 조는 등록업무의 수행 및 등록정보의 관리에 대하여 「금융실명거래 및 비밀보장에 관한 법률」(이하 '금융실명법'이라 한다)과 동일한 수준의 정보 보호장치를 마련하여 등록정보에 대한 비밀보장을 확보하기 위하여 둔 규정이다.

2. 해설

이 조에서는 등록 및 관리업무와 관련하여 금융실명법 제4조를 준용하도록 규정하고 있다. 금융실명법 제4조는 금융거래의 비밀보장에 관한 규정으로서 금융기관에 종사하는 자는 금융거래의 내용에 대한 정보 또는 자료를 타인에게 제공하거나 누설할 수 없고, 요구하여서도 안 된다는 원칙과 예외를 규정하고 있다. 이는 자본시장법 제304조[124)가 금융실명법 제4조를 한국예탁결제원에 준용하도록 구

정한 것과 균형을 맞춘 것으로서, 전자단기사채관련 정보에 대한 보호 장치의 수준을 금융실명법상 거래정보 보호수준과 동일하게 취급하고자 하는 취지에서 둔 규정이다.

제24조(계좌관리기관의 자료제출 등)

제24조(계좌관리기관의 자료제출 등)
① 한국예탁결제원은 계좌관리기관에 대하여 등록업무에 관한 보고, 자료의 제출 또는 관련 장부의 열람 등을 요구할 수 있다. 이 경우 등록업무에 관한 보고, 자료의 제출 또는 관련 자료의 열람 등을 요구 받은 계좌관리기관은 정당한 사유가 없으면 요구에 따라야 한다.
② 계좌관리기관은 다음 각 호의 어느 하나에 해당하는 경우에는 한국예탁결제원에 그 사실을 지체 없이 통지하여야 한다.
1. 제19조제1항에 따른 초과분 발생을 확인한 경우
2. 영업의 정지, 인가·허가의 취소, 파산·해산, 그 밖에 등록업무를 정상적으로 수행할 수 없는 사유가 발생한 경우
③ 한국예탁결제원은 다음 각 호의 어느 하나에 해당하는 경우에는 금융위원회에 그 사실을 지체 없이 보고하여야 한다.
1. 제19조제2항에 따른 초과분 발생을 확인한 경우
2. 제2항에 따른 통지를 받은 경우
3. 그 밖에 대통령령으로 정하는 사고가 발생한 경우

1. 취지

이 조는 전자단기사채제도의 안정적인 운영을 위해 한국예탁결제원 및 계좌관리기관에 일정한 의무를 부여하기 위한 규정이다.

---

124) 제304조(준용규정) 제54조, 제63조, 제413조(제296조제1호부터 제4호까지의 업무에 한한다) 및 금융실명거래 및 비밀보장에 관한 법률 제4조는 한국예탁결제원에 준용한다.

2. 해설

이 조는 한국예탁결제원의 계좌관리기관에 대한 자료제출 등 요구권과 계좌관리기관의 제출의무(제1항), 계좌관리기관의 한국예탁결제원에 대한 통지의무(제2항), 한국예탁결제원의 금융위원회에 대한 보고의무(제3항) 등을 규정하고 있다. 한국예탁결제원의 예탁자에 대한 예탁업무에 관한 보고 또는 자료제출요구권이나 관련 장부 열람권 등을 규정하고 있는 자본시장법 제321조과 마찬가지로 한국예탁결제원이 계좌관리기관에 대해 등록업무와 관련된 보고나 자료의 제출 또는 관련 장부의 열람 등을 요구할 수 있는 근거를 규정한 것이다. 이를 통해 계좌관리기관의 적절한 등록업무 수행에 대한 점검 장치를 마련하기 위한 것으로서 계좌관리기관의 업무 운영이나 제도전반에 대한 투자자의 신뢰성을 확보하기 위한 규정이다.

제25조(계좌 간 대체 등록의 제한)

> 제25조(계좌 간 대체 등록의 제한) 한국예탁결제원은 계좌관리기관의 파산·해산, 그 밖에 대통령령으로 정하는 사유가 발생한 경우 대통령령으로 정하는 기준 및 방법에 따라 전자단기사채 등의 계좌 간 대체 등록을 제한할 수 있다.

1. 취지

이 조는 계좌관리기관의 파산·해산 등의 사유가 발생하는 경우 계좌관리기관을 통해 자신의 권리를 등록한 권리자의 보호를 위한 비상조치근거를 마련하기 위하여 둔 것이다.

2. 해설

계좌관리기관이 파산이나 해산, 기타 이에 준하는 사유[125]가 발생
한 경우에는 투자자의 손실 발생 가능성을 차단하여 투자자를 보호
할 필요성이 있다. 이를 위해 이 조에서는 대통령령이 정하는 기준
이나 방법에 따라 전자단기사채 등의 계좌 간 대체 등록을 제한할
수 있도록 규정하고 있다. 이는 계좌관리기관 등의 파산이나 해산
등이 발생한 경우 계좌 간 대체등록을 제한하여, 이후 새로운 권리
의무관계가 발생하는 것을 방지하고, 이로 인한 법률관계가 복잡해
지는 것을 피하기 위한 것이다.

제26조(등록정보 등의 보존)

제26조(등록정보 등의 보존)
① 한국예탁결제원과 계좌관리기관은 등록 또는 기록정보를 보존하여야 한다.
② 제1항에 따라 한국예탁결제원과 계좌관리기관이 보존하여야 하는 등록 또는 기록정
　보의 종류, 보존방법 및 보존기간은 대통령령으로 정한다.

1. 취지

이 조는 등록정보를 정형화된 일정한 방법으로 보존·관리함으로
써 제도 운영의 안정성 확보 및 투자자 보호의 강화를 도모하기 위
해 둔 규정이다.

---

125) 예컨대 인가·허가·등록 등의 취소 또는 업무정지 및 그에 준하는 경우 등
　　(자본시장업 제312조 규정과 유사)을 말한다.

2. 해설

이 조는 전자단기사채제도 운영의 안정성 확보를 위해 한국예탁결제원 및 계좌관리기관의 등록정보 보존의무 및 보존방법 등에 대하여 규정하고 있다. 이 조에서는 한국예탁결제원과 계좌관리기관으로 하여금 등록 또는 기록정보를 보존하도록 하고, 등록 또는 기록 정보의 종류, 보존 방법 및 보존 기간은 대통령령으로 정하도록 규정하고 있다. 이는 분쟁예방 및 대처와 투자자보호를 위한 규정이다. 참고로 전자어음법 제16조에도 이와 같은 취지의 규정이 있다.

제6장 검사 및 감독

검사 및 감독에 관한 전자단기사채법 제6장은 ① 금융감독원장의 한국예탁결제원 및 계좌관리기관에 대한 검사권과(제27조), ② 금융위원회의 한국예탁결제원 및 계좌관리기관에 대한 조치 등(제28조 및 제29조)으로 구성되어 있다. 이 조문들은 해당 기관들에 대한 감독기관의 검사 및 조치를 통해 위법행위를 통제함으로써 해당 기관 및 임직원의 신중한 업무처리를 도모하기 위하여 둔 규정이다. 특히, 조치사항의 경우에는 법률로써 행위유형과 조치내용을 열거함으로써 지나치게 광범위하거나 자의적인 조치를 제한할 수 있도록 하고 있다.[126]

---

[126] 이 조문은 자본시장법상 한국예탁결제원(자본시장법 제306조 및 제307조)이나 금융투자업자(자본시장법 제419조)에 대한 검사 또는 조치와 대등한 수준으로 규정되어 있다.

제27조(검사)

1. 취지

이 조는 감독기관(금융감독원)이 한국예탁결제원과 계좌관리기관의 등록업무 등에 대한 검사의 근거를 위해 둔 규정이다.

2. 해설

이 조에서는 등록업무 등에 대한 감독기관의 검사 장치를 마련하여 전자단기사채제도 운영기관들의 안정적이고 적법한 업무수행을 도모하고 있다. 한국예탁결제원 및 계좌관리기관은 이 법에 따른 등록 업무 및 재산 상황에 관한 금융감독원장의 검사를 받아야 한다.

제28조(한국예탁결제원에 대한 조치)

제28조(한국예탁결제원에 대한 조치)

① 금융위원회는 한국예탁결제원이 별표 1 각 호의 어느 하나에 해당하는 경우에는 다음 각 호의 어느 하나에 해당하는 조치를 할 수 있다.

1. 6개월의 범위에서 이 법에 따른 업무의 전부 또는 일부 정지
2. 이 법에 따른 업무와 관련된 계약의 인계명령
3. 위법행위의 시정명령 또는 중지명령
4. 위법행위로 인한 조치를 받았다는 사실의 공표명령 또는 게시명령
5. 기관경고
6. 기관주의
7. 그 밖에 위법행위를 시정하거나 방지하기 위하여 필요한 조치로서 대통령령으로 정하는 조치

② 금융위원회는 한국예탁결제원의 임원이 별표 1 각 호의 어느 하나에 해당하는 경우에는 다음 각 호의 어느 하나에 해당하는 조치를 할 수 있다.

1. 해임요구
2. 6개월 범위에서의 직무정지
3. 문책경고
4. 주의적 경고
5. 주의
6. 그 밖에 위법행위를 시정하거나 방지하기 위하여 필요한 조치로서 대통령령으로 정하는 조치

③ 금융위원회는 한국예탁결제원의 직원이 별표 1 각 호의 어느 하나에 해당하는 경우에는 다음 각 호의 어느 하나에 해당하는 조치를 한국예탁결제원에 요구할 수 있다.

1. 면직
2. 6개월 범위에서의 정직(停職)
3. 감봉
4. 견책
5. 경고
6. 주의
7. 그 밖에 위법행위를 시정하거나 방지하기 위하여 필요한 조치로서 대통령령으로 정하는 조치

④ 한국예탁결제원 및 그 임직원에 대한 조치 등에 관하여는 「자본시장과 금융투자업에 관한 법률」 제422조제3항, 제423조(같은 조 제1호는 제외한다), 제424조(같은 조 제2항은 제외한다) 및 제425조를 준용한다.

1. 취지

이 조는 금융위원회의 조치 요구 사항과 그 조치 요구의 원인 행위를 법상 명확히 정하여 한국예탁결제원 및 그 임직원의 적법하고 신중한 업무 수행을 유도하기 위하여 둔 규정이다.

2. 해설

이 조는 한국예탁결제원과 그 임직원의 법상 의무·금지 사항 위반에 대한 주무부처(금융위원회)의 구체적 조치 사항에 대하여 정하고 있다. 한국예탁결제원, 그 임원 및 직원의 법상 의무·금지 사항 위반에 대해 각각 금융위원회가 요구할 수 있는 조치 사항 마련하고 있다. 기관에 대해서는 업무 정지, 시정·중지명령 등을 할 수 있고, 임원에 대해서는 해임 요구, 직무정지, 문책 등을 할 수 있으며, 직원에 대해서는 면직, 정직, 감봉 등의 조치를 요구할 수 있도록 하고 있다.

제29조(계좌관리기관에 대한 조치)

제29조(계좌관리기관에 대한 조치)
① 금융위원회는 계좌관리기관이 별표 2 각 호의 어느 하나에 해당하는 경우에는 제28조제1항 각 호의 어느 하나에 해당하는 조치를 할 수 있다.
② 금융위원회는 계좌관리기관의 임원이 별표 2 각 호의 어느 하나에 해당하는 경우에는 제28조제2항 각 호의 어느 하나에 해당하는 조치를 할 수 있다.
③ 금융위원회는 계좌관리기관의 직원이 별표 2 각 호의 어느 하나에 해당하는 경우에는 제28조제3항 각 호의 어느 하나에 해당하는 조치를 계좌관리기관에 요구할 수 있다.
④ 계좌관리기관 및 그 임직원에 대한 조치 등에 관하여는 「자본시장과 금융투자업에 관한 법률」 제422조제3항 및 제423조부터 제425조까지(금융투자업에 대한 인가·등록의 취소에 관한 사항은 제외한다)를 준용한다.

1. 취지

이 조는 금융위원회의 조치 요구 사항과 그 조치 요구의 원인 행위를 법상 명확히 정하여 계좌관리기관 및 그 임직원의 적법하고 신중한 업무 수행을 유도하기 위한 것이다.

2. 해설

이 조는 계좌관리기관과 그 임직원의 법상 의무·금지 사항 위반에 대한 주무부처(금융위원회)의 구체적 조치 사항에 대하여 정하고 있다. 계좌관리기관, 그 임원 및 직원의 법상 의무·금지 사항 위반에 대해 각각 금융위원회가 요구할 수 있는 조치사항을 마련하고 있다. 기관에 대해서는 업무 정지, 시정·중지명령 등을 할 수 있으며, 임직원에 대하여는 해임요구, 직무정지, 문책 등(임원)과 면직, 정직, 감봉 등(직원)을 요구할 수 있도록 하고 있다.

제7장 보칙

제30조(발행절차 및 발행한도에 대한 특례)

제30조(발행 절차 및 발행 한도에 대한 특례) 「상법」 제469조(다른 법률에서 준용하는 경우를 포함한다)에도 불구하고 전자단기사채 등을 발행하려는 자는 O 사회가 정하는 발행 한도(미상환된 전자단기사채 등의 발행 잔액을 기준으로 한다) 이내에서 대표이사에게 전자단기사채 등의 발행 권한을 위임할 수 있다. 이 경우 해당 발행인이 이사회 또는 대표이사의 기능을 수행하는 다른 기구 등을 둔 경우에는 명칭과 관계없이 그 다른 기구 등을 각각 이 법에 따른 이사회 또는 대표이사로 본다.

1. 취지

이 조는 신속한 단기자금 조달을 위해 전자단기사채 등의 발행 절차를 간이화하고, 기업어음과 유사한 상품성 유지를 위해서는 일부 상법규정의 적용을 제외할 필요가 있기 때문에 둔 규정이다.

2. 해설

기업의 단기자금조달은 시시각각으로 변하는 단기금융시장에서 이자율 등의 제반조건을 종합적으로 고려하여 기동적으로 행하는 것이다. 따라서 전자단기사채를 모집할 때마다 이사회결의를 거치도록 할 경우에는 기동적인 자금조달이 사실상 어렵게 된다. 이에 전자단기사채법에서는 이사회가 정하는 발행한도(미상환잔액) 내에서 대표이사가 전자단기사채 등을 발행하도록 하고 있다. 이를 통하여 발행 남발위험을 방지하고 전자단기사채발행의 기동성을 확보할 수 있도록 하고 있는 것이다.

이 조문의 특징은 여러 외국의 기업어음프로그램과 마찬가지의 **Program Amount**(발행잔량한도액)의 개념이 채택되었다는 점이다. 현행 기업어음의 경우에는 발행한도 규제장치가 없어 기업어음이 지나치게 남발되어 발행되고 있었다. 이러한 문제점을 고려하여 발행잔액기준으로 전자단기사채의 발행한도를 설정한 것이다. 이는 직접제한은 아니지만 이사회를 통한 관리 및 규제라는 '간접적 통제'로서 의미가 있다.

한편, 발행인이 이사회 및 대표이사의 기능을 수행하는 다른 기구 등을 둔 때에는, 그 다른 기구 등의 명칭과 관계없이 각각 이 법에 따

른 이사회 및 대표이사로 보아 이 법을 적용하도록 하고 있다. 공기업·
준정부기관의 설치·운영 등에 관하여 다른 법률에서 그 공기업·준
정부기관에 이사회를 두지 아니하고, 이사회의 기능을 수행하는 다른
기구를 둔 경우가 있다. 이 조항은 이러한 공기업이나 준정부기관이
전자단기사채를 발행할 수 있도록 하기 위하여 둔 규정이다.

제31조(사채원부에 대한 특례)

제31조(사채원부 작성에 대한 특례) 전자단기사채 등에 대해서는 「상법」 제488조(다른 법률에서 준용하는 경우를 포함한다)에도 불구하고 사채원부를 작성하지 아니한다.

1. 취지

이 조에서는 발행인의 사채원부 작성부담 해소를 위하여 전자단기
사채 등에 대해서는 사채원부 작성을 면제하도록 하고 있다.

2. 해설

상법에서는 소정의 사항을 기재한 사채원부의 작성을 의무화하고
있다.[127] 그러나 이 조에서는 발행인의 사채원부 작성 부담 해소하
기 위하여 전자단기사채 등에 대해서는 사채원부 작성을 면제하고
있다.[128] 사채원부는 사채에 관한 사항을 명확히 한다는 관점에서

---

127) 상법 제488조.
128) 상법상 사채원부는 사채권자의 성명과 주소, 채권번호, 납입금액과 납입 연월
일 등을 기재하도록 하고 있다(상법 제488조).

작성이 요구되는 것이다. 그러나 전자단기사채 등에 대해서 사채원부에의 기재를 의무화하는 경우에는 단기간 내에 발행과 상환을 반복하는 전자단기사채의 특성상 발행회사에 현저한 발행사무의 부담을 지우게 된다. 그 외에도 현행 약속어음인 기업어음에 대하여도 사채원부에 상당하는 제도가 존재하지 않으며, 통상적인 차입에 대해서도 관련 제도는 존재하지 않는다는 점도 고려되었다.129) 참고로 일본도 우리와 동일한 입법태도를 취하고 있다.130)

제32조(사채권자집회에 대한 특례)

> 제32조(사채권자집회에 대한 특례) 전자단기사채 등에 대해서는 상법」 제439조제3항131)(같은 법 제530조제2항, 제530조의9제4항 및 제530조의11제2항에서 준용하는 경우를 포함한다), 제481조부터 제484조의2까지132)(사채권자집회에 관한 부분으로 한정한다), 제490조부터 제504조까지, 제508조부터 제510조까지 및 제512조133)를 적용 또는 준용하지 아니한다.

1. 취지

이 조는 전자단기사채 등에 대해 상법상의 사채권자집회 관련규정의 적용을 배제하여 단기자금조달수단으로서의 본연의 기능을 유지

---

129) 통상 투자자에게 중요한 정보는 재무제표로 공시된다.

130) 사채·주식등대체법 제83조 제2항.

131) 자본감소 등에 대해 사채권자가 이의를 제기하기 위해서는 사채권자의 결의가 필요하다(상법 제439조 제3항).

132) 수탁회사 사임, 해임, 사무승계 시 사채권자의 집회가 필요하다(상법 제481조 내지 483조).

133) 사채권자집회에 관한 일반사항을 규정하고 있다(상법 제490조 내지 제506조, 제508조 내지 제510조, 제512조).

하도록 하기 위해 둔 규정이다.

2. 해설

이 조에서는 기업어음을 대체하는 수단으로서 전자단기사채가 기업어음과 유사한 상품성을 갖도록 하기 위해 사채권자집회 관련 규정의 적용 배제 근거를 두고 있다. 입법추진과정에서 사채권자집회는 사채권자의 권리 행사를 위한 중요한 기구로 그 적용의 전면 배제는 바람직하지 않다는 일부 의견도 제기되기도 하였다.

그러나 사채권자집회는 사채권자의 권리행사를 위한 하나의 수단일 뿐이다. 따라서 이를 배제한다 하더라도 개별적 권리 행사가 가능한 이상 사채권자의 권리를 침해하는 것은 아니다. 오히려, 전자단기사채제도에는 책임재산에 대한 위험을 초래하는 발행회사의 결의에 대해 사채권자집회를 거치지 않고도 개별적으로 이의 제기를 할 수 있어 사채권자를 보다 두텁게 보호할 수 있는 장치가 마련되어 있다.

또한, 전자단기사채 등을 기업어음과 동일한 수준으로 법률관계를 단순화할 필요가 있으며,[134] 전문투자자 중심의 전자단기사채권자에게는 사채권자집회를 허용할 실익도 없다. 우리와 유사한 단기사채제도를 도입하고 있는 일본의 경우에도 동일한 입법태도를 보이고 있다.[135]

이처럼 전자단기사채에 대하여는 사채권자집회의 적용을 배제하고

---

[134] 사채권자집회에 상응하는 제도가 기업어음에 없는 이상 전자단기사채 등에드 이를 허용하지 않는 것이 바람직하다.

[135] 사채 · 주식등대체법 제83조.

있다. 이는 전자단기사채에 있어서는 그 단기조달수단으로서의 상품의 특성상 요구되는 기동성이나 발행기관 및 투자가 양쪽의 실익 등에 비추어 필요하지 않기 때문이다. 단기자금의 운용수단인 전자단기사채에 대해서는 일반적인 사채와 비교하여 상환 시기 및 금액이 확정된 이후 투자자의 의사에 의하지 않고는 조건이 변경되지 않도록 할 필요가 있다.

또한, 사채권자집회에 의한 다수결을 통한 단체적 취급으로 소수파인 사채권자의 의사가 반영되지 않은 조건변경 등을 인정하는 경우에는 전자단기사채의 유통을 현저하게 저해하는 결과를 가져올 수 있다. 그 외에도 최저액 1억 원 이상의 전자단기사채를 구입하는 단기사채권자는 경제적 약자라고는 할 수 없다. 따라서 단체적 행동을 취하지 않더라도 사채발행회사와 대등한 협상이 가능할 수 있다.

제33조(발행내용의 공개)

제33조(발행내용의 공개) 한국예탁결제원은 발행인이 제8조에 따라 전자단기사채 등을 발행한 경우에는 해당 전자단기사채 등의 종류, 종목, 금액, 발행 조건, 그 밖에 대통령령으로 정하는 사항을 인터넷 홈페이지를 통하여 공개하여야 한다.

1. 취지

이 조는 전자단기사채 등의 발행정보 공개를 통한 발행시장의 투명성 확보를 위해 체계적인 발행정보 공개체계에 대하여 규정하고 있다.

2. 해설

이 조에서는 시장 투명성의 제고와 투자자보호를 강화하기 위하여 전자단기사채 등에 대한 발행정보의 일괄취합과 체계적인 공개체계에 대하여 규정하고 있다. 이와 관련하여 이 조는 한국예탁결제원은 발행인이 전자단기사채 등 발행 시 해당 전자단기사채 등의 종류, 종목, 금액, 발행조건, 기타 사항을 인터넷홈페이지로 공개하여야 한다고 규정하고 있다.

그동안 예탁된 기업어음과 관련된 정보는 한국예탁결제원을 통해 공개[136]되고 있다. 그러나 일반법인·특수목적법인(SPC) 등이 발행하여 금융투자업자를 거치지 않은 사모방식 어음은 한국예탁결제원에 예탁되지 않아 정보가 공개될 수 없다. 그리고 은행이나 종금사 등이 매입·보유하는 기업어음은 대출정보로 취급되는 등으로 인해 관련 정보가 공개되지 않고 있다. 이 조는 이처럼 불완전한 발행 및 유통정보에 따른 투자자보호 미비점을 개선하고, 정보투명성을 제고하기 위해 발행내용 공개규정을 마련한 것이다.

제34조(민사집행 등)

> 제34조(민사집행 등) 전자단기사채 등에 대한 강제집행, 가압류, 가처분의 집행, 경매 또는 공탁에 관하여 필요한 사항은 대법원규칙으로 정한다.

---

136) 자본시장법 제323조 제3항.

1. 취지

이 조는 전자단기사채 등의 투자자 등 이해관계인 간의 법적 분쟁
이 발생하는 경우 파생될 수 있는 민사집행 등에 관한 처리방법에
대하여 정하고 있다.

2. 해설

전자단기사채 등에 대한 민사집행 등의 처리 방법을 마련하여 그
처리절차에 대한 시장참가자 등의 이해를 제고할 필요가 있다. 이에
이 조는 자본시장법에서 예탁증권 등에 관한 강제집행·가압류·가
처분의 집행 또는 경매에 관하여 필요한 사항을 대법원 규칙으로 정
하고 있는 취지와 마찬가지로 민사집행 등에 대한 사항을 대법원 규
칙에 위임하고 있다.

제8장 벌칙

제35조(벌칙)

제35조(벌칙)

① 다음 각 호의 어느 하나에 해당하는 자는 7년 이하의 징역 또는 2억 원 이하의 벌
  금에 처한다.

1. 제21조제1항을 위반하여 한국예탁결제원 또는 계좌관리기관의 전자단기사채 등의 등
  록 및 관리를 위한 정보시스템에 거짓 정보 또는 부정한 명령을 입력하거나 권한 없
  이 정보를 입력·변경한 자

2. 제21조제3항을 위반하여 한국예탁결제원 또는 계좌관리기관의 전자단기사채 등의 등록 및 관리를 위한 정보통신망에 침입한 자
② 다음 각 호의 어느 하나에 해당하는 자는 5년 이하의 징역 또는 1억 원 이하의 벌금에 처한다.
1. 제21조제2항을 위반하여 등록 또는 기록 정보를 멸실하거나 훼손한 자
2. 제22조제1항(같은 조 제2항에서 준용하는 경우를 포함한다)을 위반하여 직무상 알게 된 정보로서 외부에 공개되지 아니한 정보를 정당한 사유 없이 자기 또는 제3자의 이익을 위하여 이용한 자
3. 제23조에서 준용하는 「금융실명거래 및 비밀보장에 관한 법률」 제4조제1항 또는 제3항부터 제5항까지의 규정을 위반하여 거래정보 등을 제3자에게 제공하거나 누설한 자와 이를 요구한 자
③ 제14조를 위반하여 실물 증권을 발행한 자는 3년 이하의 징역 또는 5천만 원 이하의 벌금에 처한다.
④ 다음 각 호의 어느 하나에 해당하는 자는 1년 이하의 징역 또는 3천만 원 이하의 벌금에 처한다.
1. 제4조제2항을 위반하여 발행인관리계좌부를 작성하지 아니하거나 거짓으로 작성한 자
2. 제5조제2항을 위반하여 고객계좌부를 작성하지 아니하거나 거짓으로 작성한 자
3. 제5조제3항을 위반하여 한국예탁결제원에 고객관리계좌를 개설하지 아니한 자
4. 제6조제2항을 위반하여 계좌관리기관 등 자기계좌부를 작성하지 아니하거나 거짓으로 작성한 자
⑤ 「형법」 제214조부터 제217조까지에 규정된 죄를 적용하는 경우 전자단기사채 등은 유가증권으로 보아 그 유가증권에 관한 죄에 대한 각 조문의 형으로 처벌한다.

1. 취지

이 조는 이 법에서 정한 의무 또는 금지 사항 등을 위반한 자에 대한 벌칙에 대하여 정하고 있다.

2. 해설

전자단기사채제도의 안정적 운영을 위해서는 벌칙의 대상과 양형을 명확히 정하여 전자단기사채제도의 참가자 등에 대한 경각심을 유발하고 주의의무를 제고할 필요가 있다. 이를 위하여 이 조에서는

한국예탁결제원 또는 계좌관리기관의 정보시스템에 거짓 정보 또는 부정한 명령을 입력하거나 권한 없이 정보를 입력·변경한 자 등에 대해서는, 7년 이하의 징역 또는 2억 원 이하의 벌금을 부과할 수 있도록 하고 있다.

그 외에도 등록 또는 기록 정보를 멸실 또는 훼손한 자 등에 대해서는 5년 이하의 징역 또는 1억 원 이하의 벌금을 부과하도록 하여 상당히 강한 벌칙을 부과하고 있다. 또한, 전자단기사채제도는 실물증권의 완전 불발행을 전제로 하는 제도이기 때문에 실물증권의 발행을 엄격하게 금지할 필요가 있다. 이에 실물증권(證券)을 발행한 자에 대해서는 3년 이하의 징역 또는 5천만 원 이하의 벌금을 부과하는 등 비교적 강한 제재를 가하고 있다.

한편, 전자단기사채의 발행인이 관리인이 작성하는 발행인관리계좌부는 전면 무권화된 전자단기사채 등의 발행총액과 유통총액의 **cross-check**를 위하여 반드시 필요하다. 따라서 발행인관리계좌부를 작성하지 아니하거나 거짓으로 작성한 자 등에 대해서는 1년 이하의 징역 또는 3천만 원 이하의 벌금에 처하도록 하고 있다. 또한, 전자단기사채 등은 형법에서 정하고 있는 유가증권에 관한 죄의 객체로 간주하고 있다. 이 조문에서 법률로 금지하는 행위유형 및 처벌수위는 전자거래기본법, 전자금융거래법, 전자어음법, 자본시장법 등에서 금지하는 행위 및 처벌수위와 유사한 수준이다.

제36조(양벌규정)

> 제36조(양벌 규정) 법인(단체를 포함한다. 이하 이 조에서 같다)의 대표자나 법인 또는 개인의 대리인, 사용인, 그 밖의 종업원이 그 법인 또는 개인의 업무에 관하여 제35조제1항부터 제4항까지의 규정에 따른 위반행위를 하면 그 행위자를 벌하는 외에 그 법인 또는 개인에게도 해당 조문의 벌금형을 과(科)한다. 다만, 법인 또는 개인이 그 위반행위를 방지하기 위하여 해당 업무에 관하여 상당한 주의와 감독을 게을리하지 아니한 경우에는 그러하지 아니하다.

1. 취지

이 조는 처벌 행위자 이외에도 해당 행위자에 대한 업무상 관리·감독 책임이 있는 법인 또는 개인에 대하여도 병행하여 책임을 부담시킨다는 것을 규정하고 있다.

2. 해설

전자단기사채제도의 안정적 운영을 위해서는 법 위반 행위자뿐 아니라 그 행위자에 대해 업무상 관리·감독 책임이 있는 자에게도 일정 책임을 부담시켜 업무 수행의 준법성·신중성을 제고할 필요가 있다. 이런 점을 감안하여 이조에서는 양벌규정을 두고 있다. 그 결과 법인의 대표자나 법인 또는 개인의 대리인·사용인, 그 밖의 종업원이 그 법인 또는 개인의 업무에 관하여 처벌 행위를 한 경우, 그 행위자를 벌하는 외에 그 법인 또는 개인에게도 해당 조문의 벌금형을 부과하고 있다.

그러나 업무상 법 위반행위자를 관리하거나 감독할 책임이 있는

자라 하더라도 무제한적으로 그 책임을 물을 수는 없다. 이에 따라
이 조 단서에서는 법인 또는 개인이 그 위반 행위 방지를 위해 해당
업무에 관한 상당한 주의와 감독을 게을리 하지 아니한 경우에는 그
책임을 면제하여 주고 있다. 자본시장법과 전자거래기본법, 공사채등
록법, 전자금융거래법 등에서도 같은 취지를 규정하고 있다.

제37조(과태료)

제37조(과태료)

① 다음 각 호의 어느 하나에 해당하는 자에게는 5천만 원 이하의 과태료를 부과한다.

1. 제16조제1항을 위반하여 채권자증명서를 발행하지 아니한 자
2. 제17조제1항을 위반하여 전자단기사채 등에 대한 소유 내용을 발행인 등에게 통지하지 아니한 자
3. 제18조에 따른 열람 또는 출력·복사에 필요한 조치를 하지 아니한 자
4. 제26조제1항을 위반하여 등록 또는 기록 정보를 보존하지 아니한 자
5. 제27조에 따른 검사를 거부·방해 또는 기피한 자

② 다음 각 호의 어느 하나에 해당하는 자에게는 1천만 원 이하의 과태료를 부과한다.

1. 제4조제3항에 따른 통지를 하지 아니하거나 거짓으로 통지한 자
2. 제24조제1항을 위반하여 한국예탁결제원의 요구에 정당한 사유 없이 따르지 아니한 자
3. 제24조제2항에 따른 통지를 하지 아니하거나 거짓으로 통지한 자

③ 제1항 및 제2항에 따른 과태료는 대통령령으로 정하는 바에 따라 금융위원회가 부과·징수한다.

1. 취지

이 조에서는 이 법에서 정한 의무 또는 금지 사항 등을 위반한 자
에 대한 과태료부과와 관련된 사항을 정하고 있다.

2. 해설

전자단기사채제도의 안정적 운영을 위해서는 과태료의 대상과 금액을 명확히 정하여 전자단기사채제도 참가자 등의 경각심을 유발하고 주의의무를 제고할 필요가 있다. 이에 따라 이 조에서는 등록 정보 등을 정해진 방법에 따라 보존하지 아니한 자 등에 대해서는 5천만 원 이하의 과태료를 부과할 수 있도록 하고 있다. 그 외에도 한국예탁결제원의 자료제출 요구에 정당한 사유 없이 따르지 아니한 계좌관리기관 등에 대해서는 1천만 원 이하의 과태료를 부과할 수 있도록 하고 있다.

부칙

(부칙) 이 법은 공포 후 1년 6개월이 경과한 날부터 시행한다.

1. 취지

이 부칙에서는 이 법의 시행일을 정하고 있다.

2. 해설

애초 이 법안의 부칙안은 관계기관들의 전산시스템 구축, 제도 시행을 위한 홍보 및 계도기간 등을 고려하여 '이 법은 공포한 날로부터 2년을 넘지 아니하는 범위에서 대통령령이 정하는 날부터 시행한다'로 규정하고 있었다. 그러나 법안의 심사과정에서 법률의 시행시기를 대통령령에 위임하지 않고 공포 후 1년 6개월이 경과한 날로 법률에서 명확히 규정하기로 수정 의결하였다. 이는 ① 수범자들에게 최소한의 예측 가능성을 확보해줄 필요가 있고, ② 제도안정 등에 상당한 기간이 필요하다면 그 소요기간을 산출하여 이를 충분히 고려한 특정시점을 시행시기로 정할 수 있으며, ③ 법률의 시행시기를 시행령으로 위임하는 입법례는 찾아보기 힘들기 때문이었다.[137] 이 부칙에 따라 이 법은 법률이 공포된 2011년 7월 14일로부터 1년 6개월이 경과한 2013년 1월 15일부터 시행하게 된다.

---

137) 전자단기사채 등의 발행 및 유통에 관한 법률안 심사보고서(국회정무위, 2011.6) 참조.

제4장 전자단기사채제도의 운용구조

Ⅰ. 발행 전 메시지전달(PIM) 서비스

현재 기업어음을 발행할 경우에는 발행회사와 인수기관 간에 Fax나 E-mail, 메신저 등을 통해 발행예정 관련 정보를 주고받고 있다. 그런데 발행 전 메시지전달(PIM: Pre-Issuance Messaging, 이하 'PIM'이라 한다) 서비스에서는 전자단기사채의 발행 전에 표준화된 STP(Straight Through Processing)방식에 의해 발행회사와 인수기간에 발행예정관련 정보를 상호 교환하게 된다. 이 방식은 미국 DTCC(Depository Trust Clearing Corporation)가 제공 중인 PIM서비스를 벤치마킹한 것이다.

이처럼 PIM서비스는 전자단기사채의 발행 전에 발행회사와 인수기관 간 주고받는 정보를 표준화·자동화하여 참가기관의 업무처리를 효율화하기 위한 것이다. 그 외에도 이 서비스는 전자단기사채의 리스크 관리, 내부통제, 자료 증빙 등 내부업무처리를 효율화할 수 있다. 그러나 PIM서비스의 이용 여부는 법규에 의한 의무사항이 아

【표 4-1. 미국 DTCC의 PIM서비스】

- ○ (개요) 단기금융상품을 발행하기 전에 IPA(Issuing & Paying Agent)와 브로커/딜러 간에 발행정보를 상호 교환하는 메시지 송수신 수단
- − DTCC는 메시지에 대한 변환, 수정 없이 원 메시지 형태로 전달하며 메시지 송신 기관에 대하여 수수료를 부가
- ○ (제공시스템) MMI(Money Market Instrument)
- − DTCC의 CP, CD, BA(Banker's Acceptance), MTN(Mid Term Note), STBN(Short Term Bank Note) 등의 단기금융상품에 대한 예탁결제 서비스
- ○ (소프트웨어) IBM의 MQ Series
- ○ (제공메시지) 시스템 접속, 발행 여부, 발행조건, 발행결정 등 총 12가지 메시지를 표준화하여 전달
- − 발행결정 시 IPA가 MMI시스템에 발행(등록)을 신청

닌 선택사항이다. 따라서 PIM서비스를 이용하지 않는 경우에도 참가기관은 발행신청·등록업무처리를 할 수 있다.

PIM서비스를 이용한 업무처리절차를 살펴보면 다음과 같다. 우선, 발행회사는 등록기관(한국예탁결제원)이 제공하는 등록시스템상의 Web 화면에서 메시지 수신기관(인수기관)을 지정한 후에 입찰내역을 입력하게 된다. 그리고 발행회사가 입력한 이러한 메시지 내역은 등록시스템을 통하여 인수기관에 CCF(Computer to Computer Facility) 전문으로 전송되게 된다.[138]

이러한 입찰메시지에 대하여 인수기관은 응찰 메시지를 전달하게 되는데, 인수기관은 발행회사로부터 수신한 내역을 확인한 후 입찰 마감시간 이전까지 응찰내역을 CCF전문 또는 web 화면을 통해 해당 발행기관에 송신하게 된다.[139]

발행회사는 인수기관들의 응찰내역을 확인한 후 응찰마감시간 이후에 인수기관별로 낙찰내역을 입력(인수기관별 인수금액, 결제금액)하게 된다. 이 경우 PIM서비스는 입력내역에 따라 낙찰기관과 유찰기관 모두에게 응찰결과를 전송하게 된다.[140]

【그림 4-1. 전자단기사채의 PIM서비스 개요】

---

138) PIM서비스는 발행회사가 입력한 내역에 대하여 '공지번호'를 부여한 후 해당 기관(인수기관)에 CCF 전문을 전송하게 된다.

139) 이 경우 PIM서비스는 수신내역에 응찰시간을 표시하여 발행회사에 통지하게 된다.

140) 본장에서 기술하는 전자단기사채제도의 업무운용구조는 향후 제도구성 과정에서 일부 변경될 수 있다.

Ⅱ. 전자단기사채의 신규등록발행

전자단기사채를 신규토 등록·발행하는 경우에는 크게 ① 발행예정내역의 협의 및 신청, ② 종목정보의 생성 및 발행신청내역의 통지, ③ 결제자료의 생성 및 결제처리, ④ 등록발행의 기록·관리, ⑤ 발행정보의 공개 등 총 5단계를 거치게 된다.

제1단계는 '발행예정내역의 협의 및 신청단계'이다. 이 단계에서는 발행회사가 전자단기사채발행을 통한 자금조달을 위하여 인수(중개)기관과 할인율, 발행규모, 상환기간 등을 사전에 협의한 후 등록기관 시스템에 해당 발행관련 사항을 입력하게 된다.

제2단계는 '종목정보의 생성 및 발행신청내역의 통지단계'이다. 이 단계에서는 발행회사가 등록에 필요한 정보를 입력하여 종목코드의 생성을 의뢰하게 된다. 이 경우 등록시스템의 종목정보DB는 입력내역의 정합성을 체크하여 국제증권식별코드(ISIN: International Securities Identification Numbering System)체계의 종목코드를 생성한 후 전자단기사채등록시스템에 전달하게 된다. 발행회사 또는 발행대리인(IA: Issuing Agent, 이하 'IA'라고 한다)은 종목코드의 생성을 확인한 후 등록기관에 발행신청내역을 최종통지하게 되며, 결제처리의 진행을 위하여 거래상대방인 인수(중개)기관에도 해당 내역을 통지하게 된다.

제3단계는 '결제자료의 생성 및 결제처리단계'이다. 우선, 이 단계에서는 인수기관들이 등록기관이 통지한 발행회사의 등록발행신청내역을 확인한 후에 결제승인을 처리하게 된다.141) 이 경우 등록시스

---

141) 이 경우 인수기관은 결제승인을 처리하기 전에 발행회사가 통지한 결제처리방식(DVP, FOP)을 변경할 수 있다.

템은 결제승인을 입력하는 동시에 결제번호를 부여한 후 증권 및 대금의 동시결제(DVP)처리를 위한 대금이체의뢰전문을 한국은행에 전송하게 된다. 인수기관들은 한국은행에 개설된 한국예탁결제원 결제전용예금계좌에 대금을 이체 처리하게 되는데, 한국은행은 이체 처리결과를 전문으로 등록기관에 송신하여 결제 처리하게 된다.[142] 그런데 결제 처리방식이 FOP(Free of Payment)인 경우에는 발행회사 또는 IA가 직접 자금의 수취 여부를 등록기관에 통지하게 된다.

제4단계는 '등록발행의 기록·관리단계'이다. 등록기관은 대금의 이체처리를 확인(전문수신 또는 발행회사의 통지)한 후 ① 발행인관리계좌부와 ② 등록계좌부에 결제수량을 기록(등록) 처리하게 된다. 즉, 등록기관은 대금의 이체 및 인수 확인이 완료된 경우 발행인관리계좌부에 해당 내역을 증가 기재하게 된다. 이 경우 다수의 결제건이 있는 경우에는 결제처리 완료 순으로 증가 기재를 하게 된다.[143] 발행회사는 결제처리의 완료와 동시에 '발행인관리계좌부'에 기록된 내역을 확인할 수 있다. 그리고 IA가 발행을 신청한 경우에는 '발행신청내역'을 통해 기재처리의 완료 여부에 대한 조회를 할 수 있다. 대금의 이체가 완료된 경우 등록기관은 인수기관들의 '계좌

---

142) 본서 제2장(주요국의 기업어음 시장)에서 기술한 바와 같이 주요선진금융시장 (미국·영국·프랑스·일본)은 모두 단기금융상품시장의 증권대금동시결제 (DVP)와 관련하여 중앙은행의 지급결제시스템을 이용하고 있다. 또한, 지급결제제도위원회(CPSS) 및 국제증권감독기구(IOSCO)는 최근 발표한 금융시장인프라에 관한 원칙(Principles for Financial Market Infrastructure)에서 "금융시장인프라(FMI)는 실행할 수 있고 이용 가능한 경우 중앙은행 통화로 실행해야 한다"라고 하고 있다. 따라서 이하에서는 전자단기사채의 발행·매매결제·상황메커니즘을 설명함에 있어 한국은행의 지급결제시스템(Bok-Wire+)를 이용한 대금결제처리를 전제로 기술한다.

143) 발행회사는 발행신청내역상의 '발행신청금액'과 '납입금액'을 비교하여 최종결제처리내역에 대한 조회가 가능하다.

관리기관 등 자기계좌부에 인수내역을 등록(증가 기재)하게 되는데,
이러한 등록처리가 완료된 이후부터는 권리관련 증명서(채권자증경
서)의 발급신청이 가능하게 된다.

제5단계는 '발행정보의 공개단계'이다. 이 단계에서는 등록기관이
투자자 보호를 위하여 등록이 완료된 전자단기사채 등 내역을 web
을 통하여 공개하게 된다.

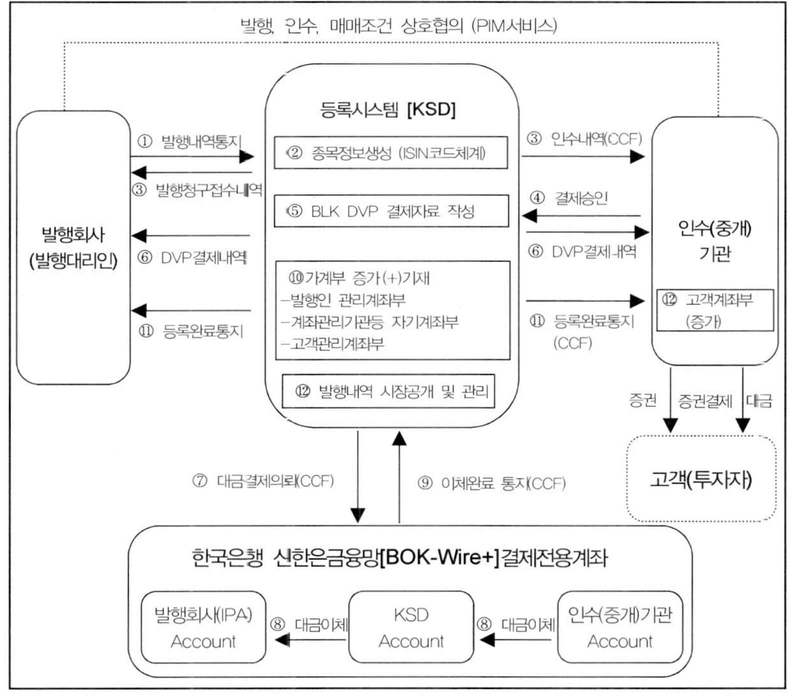

【그림 4-2. 전자단기사채 신규등록발행 메커니즘】

【표 4-2. 기업어음과 전자단기사채의 발행절차 비교】

기업어음증권	전자단기사채
① 인수조건협상(발행회사↔인수기관) -전화, e-mail, 사설 메신저	① 인수조건협상(발　회사↔인수기관) -PIM 서비스
② 종목정보생성요청(인수기관→예탁원) -종목코드 생성 및 통지(예탁원→인수기관) ※SAFE를 통한 수작업 매뉴얼 방식	② 발행등록 요청(발행회사(IPA)→예탁원) -종목정보 자동생성 및 내역 통지 (예탁원→인수기관) -결제자료 작성 및 대금이체의뢰 (예탁원→BOK)
③ 기업어음증권 발행인도(발행회사→ 인수기관)	－
④ 실물 기업어음증권 예탁(인수기관→ 예탁원)	－
⑤ FOP 결제처리(증권과 대금의 분리결제) -대금납입:투자기관→인수기관 -증권이체:인수기관→투자기관 SAFE를 통한 계좌간 대체 대금지급: 인수기관→발행회사	③ DVP 결제처리(증권과 대금의 동시결제) -대금납입: 투자기관→인수기관→BOK→발행회사 -증권등록(BOK→예탁원): BOK로부터 이체처 리결과 전문 수신과 동시에 등록계좌부*전자증 권을 증가기재 *발행인관리계좌부=계좌고나리기관등자기계좌부 +고객관리계좌부
√업무처리 시간 과다와 결제상대방 신 용 리스크에 노출	√업무처리 전산화와 증권·대금의 동시결제(DVP) 처리로 업무안정성 증대 및 결제리스크 제거 √전체 발행정보내역 공지로 투명성 확대

주) 인수기관이 기업어음증권·전자단기사채를 인수 후바로 매도하는 경우를 전제

Ⅲ. 전자단기사채의 매매결제

전자단기사채의 매매거래단위는 1억 원 이상이며, 매매의 거래시한은 해당 전자단기사채의 만기일 1영업일 전까지이다. 그리고 매매자료의 매칭은 전자단기사채의 거래쌍방이 등록기관이 운영하는 채권장외결제시스템에 매매내역을 입력·확인함으로써 이루어지게 된다.

매매자료의 입력·확인과 관련하여 일반기관투자자의 경우에는 매

수(매도)기관이 입력하게 되고 거래상대방인 매도(매수)기관이 상대방이 입력한 내역을 확인하여 처리하게 된다. 이에 비하여 자산운용회사의 경우에는 매칭된 매매자료에 펀드내역을 추가(펀드별 배분)하여 수탁기관에 운용지시내역을 전달하게 된다. 이 경우 수탁기관이 해당 운용지시내역을 승인하면 업무효력(결제승인)을 부여하게 된다.

매매거래의 매칭이 완료된 건에 대해서는 결제번호가 부여되며 결제처리를 진행하게 된다. 그리고 한국은행에는 대금이체의뢰전문을 전송하여 결제를 의뢰하게 된다.144) 한국은행으로부터 이체결과 전문을 수신한 경우 해당 계좌부에 증감 기재하여 매매결제를 종결하게 된다.

【그림 4-3. 전자단기사채의 매매결제 메커니즘】

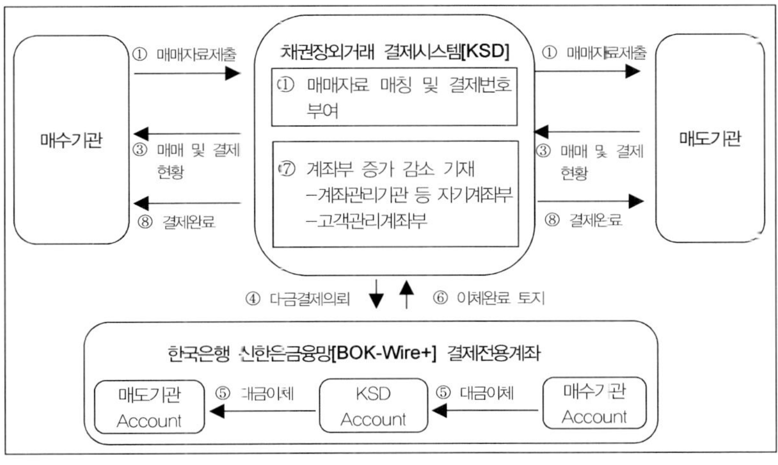

☞ 결제방식은 DVP1(증권과 대금의 거래 건 별 실시간 총량 결제: Real Time Gross Settlemen)

---

144) 이때 전문의 전송 이후에 계좌관리기관들이 결제처리의 방법을 분리결제, 가 결제로 변경한 경우에는 선택방법에 따라 결제를 처리하게 된다.

Ⅳ. 전자단기사채의 상환

전자단기사채의 상환은 크게 ① 상환청구내역의 작성 및 상환청구, ② 결제처리, ③ 상환(등록말소)의 총 3단계를 거치게 된다.

제1단계는 상환청구내역의 작성 및 상환청구단계이다. 등록기관은 전자단기사채의 상환청구를 위한 '상환청구내역'을 작성하여 이를 발행회사에 통지하여 만기금액의 지급을 청구하고, 결제 자료를 작성하여 지급대리인(PA: Paying Agent, 이하 'PA'라 한다)에게 통지한다. 아울러, 계좌관리기관에게는 만기상환내역을 통지하여 결제처리 전에 만기금액을 사전에 인지할 수 있도록 한다.

제2단계는 결제처리단계이다. PA는 등록기관으로부터 수령한 결제예정내역을 확인하고, 이상이 없는 경우 결제예정내역을 승인하게 된다.[145] PA가 결제예정내역을 승인하는 경우 등록기관은 지체 없이 한국은행에 결제대금의 수납·지급의뢰전문을 전송하게 된다.

제3단계는 상환(등록말소)단계이다. 등록기관은 한국은행으로부터 결제대금의 이체처리결과에 대한 전문을 수신한 경우, 계좌관리기관 등자기계좌부, 고객관리계좌부에 등록 또는 기록된 전자단기사채수량을 말소하게 된다.

---

145) 이 경우 만기금액의 지급통지를 위하여 전자단기사채의 보유기관에도 해당 결제예정내역을 동시에 통지하게 된다.

【표 4-3. 기업어음증권과 전자단기사채의 상환비교】

	기업어음증권	전자단기사채
D-1	① 어음 교환 내의 확정(예탁원) -예탁 · 반환제한	-
D-2	② 어음인도(예탁원→제시은행) -어음교환소(금융결제원)제시를 위한 실물 인도 ③ 교환회부(제시은행→어음교환소) -정보교환 방식	-

D
상환일
	④ 어음교환차액내역 통지(어음교환소
	  →지급은행)
	⑤ BOK를 이용한 차액결제(14:00)
	⑥ 기업어음 만기금액 입금(발행회사
	  →지급은행)
	  -16:00까지
	⑦ FOP 결제처리(증권과 대금의 분
	  리결제)
	-대금수납지급: 발행회사→지급은행
	  →제시은행(예탁원 계좌)→기업어
	  음 보유기관
	-감소기재: 대금납입 확인 후 감소
	  기재
		① 만기지급내역 확정(예탁원)
		② 상환청구내역 통지(예탁원)→지급은행,
		  발행회사)
		-09:00 이전
		③ 결제자료 작성 및 결제의뢰(예탁원→BOK)
		-09:30 이후
		④ DVP 결제처리(증권과 대금의 동시결제)
		-재금수납지급: 발행회사→지급은행→BOK
		  →보유기관
		-등록말소: BOK로부터 대금이체 전문 수신
		  과 동시에 해당 '발행인관리계좌부' 및 보유
		  기관의 '등록계좌부(계좌관리기관등자기계좌
		  부, 고객관리계좌부)' 수량을 말소

비교	√금융결제원의 어음교환제도를 이용 ☞어음교환방식의 결제처리로 대금 지급 지연	√한국은행의 Bok-Wire를 이용한 DVP결제 ☞대금집처리 시간 단축

【그림 4-4. 전자단기사채의 상환(등록말소) 메커니즘】

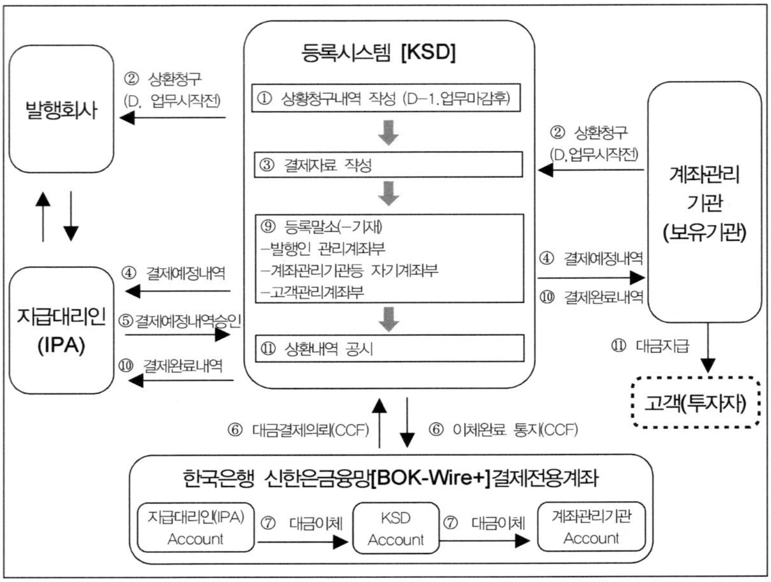

V. 전자단기사채에 대한 권리행사

채권자가 완전 무권화·전자화된 전자단기사채에 대한 권리를 주장하거나 권리를 행사하기 위해서는 채권자의 지위를 입증하기 위한 수단이 필요하다. 이를 위해 전자단기사채제도에서는 채권자증명서제도와 소유내용통지제도를 두고 있다.

채권자증명서의 경우 등록계좌부(계좌관리기관 등 자기계좌부, 고객관리계좌부)의 작성·관리기관(등록기관, 계좌관리기관)이 해당 신청자에게 증명서를 발급하고, 그 발행사실을 발행회사에 통지하게 된다.

다시 말해서, 고객계좌부상 채권자(투자자)는 계좌관리기관에 해당 증명서의 발급을 신청하게 되고, 계좌관리기관 등 자기계좌부상 채권자(계좌관리기관 등)는 등록기관에 해당 증명서의 발급을 신청하게 된다.

채권자증명서 발급기관은 신청수량에 대한 처분제한 조치와 함께 발행회사에 해당 증명서의 발급사실을 즉시 통지하게 된다. 즉, 등록기관이 발급기관인 경우에는 계좌관리기관 등 자기계좌부에 해당 증명서의 발급사실과 해당 수량에 대한 처분제한 내역을 기재하고 발행회사, 계좌관리기관, 이해관계자에게 발급 즉시 해당 내역을 통지하게 된다. 그리고 계좌관리기관이 채권자 증명서 발급기관인 경우에는 고객계좌부에 해당 증명서의 발급사실과 해당 수량에 대한 처분제한을 기재하고 발행회사, 권리자, 이해관계자에게 해당 내역을 발급 즉시 통지하게 된다.

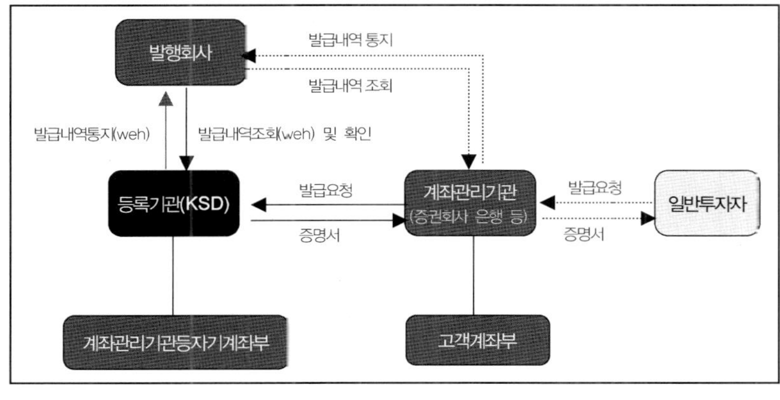

【그림 4-5. 채권권리증명서 신청 및 발급메커니즘】

소유내용통지의 경우어는 채권자가 한국예탁결제원 또는 계좌관리기관에 대하여 자신의 전자단기사채 등에 대한 소유내용을 발행인데게 통지하여 줄 것을 신청하고 동 기관들은 해당 채권자를 위하여 발행회사에 소유내용을 통지하게 된다. 소유내용통지가 채권자증명서와 다른 점은 소유내용의 통지요청 시 권리행사기간을 명시하여 통지한다는 점이다.

그 구체적 절차를 살펴보면 다음과 같다. 우선, 채권자가 자신의 전자단기사채 등에 대한 소유내용을 발행인 등에게 통지해줄 것을 신청하는 경우 등록기관 또는 계좌관리기관은 채권자 내역을 확인한 후 전자단기사채의 발행인에게 전자단기사채의 소유내용을 통지하게 된다. 이 경우 등록기관 또는 계좌관리기관은 계좌관리기관 등 자기계좌부 또는 고객계좌부에 그 통지의 기초가 된 전자단기사채의 처분을 제한하게 되며, 해당 통지에서 정한 유효기간이 만료되었을 경우에는 그 처분제한을 해지하게 된다.

【표 4-4. 채권자증명서와 소유내역통지의 비교】

구 분	채권자증명서	소유내역 통지
증명서 발급 여부	발급	**미발급**
발급신청	− 계좌관리기관 → 등록기관채권 권리자 → 계좌관리기관 ※ **발급용도**를 명시하여 신청	− 계좌관리기관 → 등록기관 채권권리자 → 계좌관리기관 ※ **권리행사기간**을 명시하여 신청
처분제한	− 등록기관 → 계좌관리기관등자기계좌부 − 계좌관리기관 → 고객계좌부	− 계좌관리기관 등 자기계좌부(계좌관리기관) 고객계좌부(채권권리자)
발행회사 통지	web 방식	web 방식
처분제한 해지	등록기관은 **해지요청 시** 처분제한을 해지	권리행사기간 만료 시 **자동 해지**

제5장

전자단기사채제도관련 Q&A

제1절 전자단기사채제도의 도입배경 및 필요성

Q1. 전자단기사채제도의 추진경과 및 시행시기는?

2008년 2월 대통령직인수위원회는 장기자금의 조달시장인 회사채시장 등은 선진국 수준인데 반해, 단기자금의 조달시장인 기업어음시장은 낙후되었다고 판단하였다. 이에 대통령직인수위원회는 '전자단기사채제도의 법적 근거 마련'을 정부 100대 국정과제 중 하나인 「금융규제 개혁을 통한 선진금융산업 육성」의 세부추진방안으로 선정한 바 있다.

그 이후 금융위원회는 2008년 12월 발표한 「금융위기 극복방안」에서 전자단기사채제도 도입을 통한 단기금융시장의 투명성과 효율성 제고를 시사하였다. 그리그 이에 대한 후속조치로 관련업계·학계·각 계기관 등 다양한 관련분야 민간전문가들과의 지속적인 논의를 거쳐 전자단기사채제도 관련 입법사항을 도출하여 전자단기사채법안을 마련하고, 2009년 10월 13일에 동 법안을 입법예고하였다.

이 법안은 규제심사(규제개혁위, 2009. 11～12), 법안심사(법제처, 2009. 12～2010. 3), 국무회의 심의(2010. 3. 30) 및 대통령 재가(2010. 4. 5)를 거쳐 2010년 4월 7일 국회에 제출되었다. 그리고 2011년 상반기에 일부 중견건설사들이 발행한 기업어음의 잇따른 부도를 계기로 이 법안은 제정속도에 탄력을 받게 되었다. 이에 정무위(2011. 6. 15) 및 법사위(2011. 6. 22)를 거쳐 지난 2011년 6월 23일 국회를 통과하여 7월 14일에 정부의 전자관보 제17550호에 법률 제10855

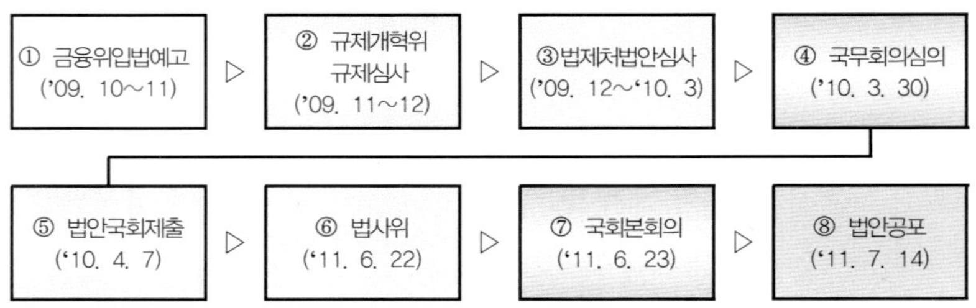

【그림 5-1. 전자단기사채제도의 입법 추진경과】

호로 공포되었다. 이러한 제정경위를 거친 전자단기사채제도는 법안의 공포일로부터 1년 6개월이 경과한 2013년 1월 15일부터 시행되게 된다.

Q2. 전자단기사채제도를 도입하게 된 배경은?

현재 기업어음(CP)은 기업의 단기자금 조달수단으로 활발하게 이용되고 있다.[146] 그런데 「기업어음은 어음법」상 약속어음에 해당하기 때문에 다음과 같은 많은 문제점이 지적되고 있다.

첫째, 기업어음은 어음법상 완전유가증권인 동시에 설권증권(設權證券)에 해당하기 때문에 반드시 권리를 표창(表彰)하는 실물증권을 발행하여야 한다. 그리고 이러한 실물증권의 발행은 다수의 도난, 분실 및 위변조 사고를 야기하고 있다.[147] 둘째, 기업어음은 그 법적

---

146) 우리나라 기업어음(CP)시장 규모는 은행연합회의 통계를 기준으로 2010년 10월 말 현재 발행잔액 기준 81조 원(일반 CP 45.4조 원, ABCP 32.9조 원)이며, 연간 약 1,167조 원이 유통되고 있는 것으로 파악되고 있다.

147) 2007년부터 2009년까지 어음에 대한 제권판결 금액은 연평균 384억 원에 이르고 있다.

특성상 권면분할이 불가능하기 때문에 유통에 있어 근본적인 한계가 있다. 셋째, 기업어음의 발행은 대부분 사모로 발행되기 때문에 공시가 제대로 이루어지지 않는다. 그 결과 정보가 불투명하여 투자자 보호에도 미흡한 측면이 있다.

이러한 기존의 기업어음시장의 문제점을 근본적으로 해소하기 위한 대안적 제도가 필요하였다. 즉, 기업금융시장의 균형적인 발전과 단기자금시장의 활성화 및 투명성을 제고하고, 기업어음의 단기자금 조달이라는 경제적 목적은 유지하면서도 현재 기업어음이 갖고 있는 문제점을 보완할 수 있는 제도를 도입할 필요가 있었다. 이에 정부는 주요 선진국의 단기금융시장 운용현황과 일본에서 도입·운영 중에 있는 단기사채제도를 벤치마킹하여 전자단기사채제도를 도입하게 된 것이다.

【표 5-1. 기업어음제도의 문제점】

실물 (종이증권) 발행 한계·위험	① 사무 부담·경제적 비용(발행·보관 및 이동 등) 발생
	② 위·변조와 분실 위험 상존
	③ 투자자 서울·수도권 집중 → 지방소재 기업의 이용 어려움
	④ 증권인도와 대금지급 간의 시간적 간극 발생 　- 증권 先 인도 및 지금 後 수령 → 신용리스크 발생
유통 불편	⑤ 권리 양도를 위한 실물(종이증권) 이동(배서·교부) 불편 발생
	⑥ 어음 속성상 권면 분할·분할양도 불가 　- 기업어음은 권리의 발생과 증권의 작성이 결부된 설권증권(設權證券)
투자자 보호 미흡	⑦ 예탁기업거음정보만 공개 → 불완전한 정보 공개로 시장 불안요인 작용

Q3. 현행 기업어음의 권면분할 및 분할양도가 불가능한 이유는 무엇인가?

기업어음도 약속어음의 일종이며[148] 어음법상 일부배서는 무효이다.[149] 따라서 기업어음은 권면분할·분할양도가 금지되는 것으로 보는 것이 일반적인 견해이다. 현실적인 측면에서 보더라도 종이어음은 분할 배서가 물리적으로 불가능하다.

또한, 이를 인정할 경우에는 권리와 증권의 결합이 해체되어 어음의 속성에도 반하게 된다. 다시 말해서, 어음은 이미 발생한 권리를 표창하는 것이 아니라 권리의 발생에 증권의 작성을 요하는 설권증권(設權證券)에 해당한다. 따라서 어음의 생성과 별도의 권리가 인정되는 것은 아니라고 보아야 하는 것이다.

이러한 어음의 본질 및 어음의 완전성을 감안하여 2004년 2월 국회 법제사법위원회는 전자어음법 개정안에 반영된 전자어음의 분할배서에 관한 규정을 삭제한 바 있다. 그런데 이번에 도입된 전자단기사채는 기업어음과는 달리 자본시장법상 사채권(社債券)에 해당하기 때문에 최소 단위금액 이상으로는 분할·분할유통이 자유롭다.

---

148) 자본시장법에서는 기업어음증권을 기업이 사업에 필요한 자금을 조달하기 위하여 발행한 약속어음으로서 일정요건을 갖춘 것으로 개념 정의하고 있다(자본시장법 제4조 제3항)

149) 어음법은 배서의 요건으로 일부 배서(양도)는 이를 무효로 하고 있다(어음법 제12조 제2항).

Q4. 현재 초단기 기업어음의 발행이 어려운 이유는 무엇인가?

　기업어음의 경우 증이증권의 발행·유통에 따른 불편과 위험이 수반된다. 그뿐 아니라 기업어음의 경우에는 금융기관을 통한 지급제시와 자금회수(대금수령)가 대부분 이루어지기 때문에 어음교환제도를 이용할 수밖에 없다. 이 경우 지급제시은행에의 기업어음증권의 인도(교환의뢰, D-1), 교환(D), 차액산출·결제(D) 등 일련의 교환절차가 필요하게 되어 초단기물의 발행이 현실적으로 곤란하다.

　이를 반영하듯 2011년 6월 말 한국예탁결제원에 예탁된 기업어음의 잔액을 기준으로 우리나라의 기업어음은 1∼4일물이 0.7%를 차지하고 있고, 81일 이상물은 86.3%에 달하고 있다. 이는 1∼4일물이 66.8%를 차지하고 있고, 81일 이상물이 4.91%에 불과한 미국과는 커다란 대조를 보이고 있다. 그 외에도 만기 2일물 이하의 경우에는 사실상 발행 당일 지급제시은행에 기업어음을 인도하여야 하는 등 유통에 어려움이 존재한다. 이에 따라 대다수의 기업들은 초단기 자금 조달을 은행대출(당좌대월)에 의존하고 있는 상황이다.

Q5. 지방소재 기업의 기업어음 이용이 불편한 이유는 무엇인가?

　어음교환소는 현재 대도시 중심의 권역별로 운영150)되고 있다. 이에 따라 지방소재 기업의 경우에는 어음교환제도 이용에 거리적 브담이 있다. 또한, 투자자와 중개·할인기관의 대부분이 서울·수도권 지역에 집중되어 있어 지방소재 기업의 입장에서는 기업어음에 대한 이용 자체가 어려운 상황이다. 이처럼 발행기업과 중개·할인기관이 서로 원거리에 소재하고 있어 기업어음 실물(實物)인수도와 보관·운송에 상당한 위험과 비용이 발생하고 있다. 또한, 지방소재 기업이 기업어음을 통해 단기자금을 조달하기 위해서는 서울·수도권에 별도 사무소를 설치하거나 원거리 이동이 불가피한 실정이다.

Q6. 현행 기업어음의 정보공개수준과 그 문제점은 무엇인가?

기업어음은 주식이나 채권과 달리 발행과 관련한 등록 및 신고의무가 없기 때문에 체계적인 기업어음 발행정보의 공표가 이루어지지 않고 있다. 현재 금융감독원(전자공시시스템)[151]·한국예탁결제원 및 은행연합회 등이 기업어음의 발행등록 정보를 부분적으로는 제공하고 있다. 그러나 각 기관별로 자료의 취합목적이 상이하고 내용에서도 차이가 있어 체계적인 정보활용이 곤란한 상황이다.

이러한 기업어음에 대한 정보의 공유 및 취합과정의 문제점은 기업어음의 이중적 법적 성격과 밀접하게 관련되어 있다. 즉, 은행연합회는 기업어음정보를 신용공여정보로 보아 정보를 공개하지 않고 있

---

[150] 서울, 부산, 대구, 인천, 광주 등 현재 총 50개의 어음교환소가 운영 중이다.

[151] 금융감독원의 전자공시시스템에 있는 상장기업의 재무제표부속명세를 통하여 개별기업의 기업어음발행량에 대한 정보획득이 가능하다. 그러나 재무제표는 최소 3개월의 시차를 두고 외부에 공개되기 때문에 투자자 보호 목적으로 사용되기에는 부적합하다.

다.152) 이에 비하여 금융투자협회153)와 한국예탁결제원154)은 이를 증권으로 보아 일부 기본사항을 공표하고 있다.

이처럼 기업어음은 개별기업에서 대부분 사모형식으로 실물증권발행을 하고 있고, 그 발행내역이 투명하게 공개되지 않고 있다. 그 결과 그 정보의 적시성(適時性)·정확성 및 접근성 등에 한계가 있다. 그리고 이는 다시 투자자보호문제를 야기하고 금융시장의 잠재적 불안요인으로 작용할 여지가 있다.

이는 1990년대 말의 외환위기 이후의 자금경색과정에서 기업어음시장의 불투명성이 문제가 된 사례에서 찾을 수 있다. 그 외에도 2003년에는 신용카드사의 **ABS** 및 **ABCP** 발행이 금융불안을 야기하였던 사례가 있다. 특히, 최근에는 부동산시장의 위축으로 건설회사 등이 발행한 **ABCP**의 부실 우려로 기업어음발행의 투명성 제고 필요성이 더욱 커지고 있는 상황이다.

이처럼 기업어음의 발행 등 관련정보에 대한 통합 공시시스템의 부재는 기업어음시장에 대한 신뢰부족으로 직결되지 된다. 나아가 이는 단기금융시장의 발달 및 성숙을 저해하고 금융시장의 잠재적인

---

152) 신용정보의 이용 및 보호에 관한 법률에 따라 은행연합회에 집중되어 있는 기업별 발행잔액, 만기별 상환규모, 금융기관별 보유잔액 등 기업어음 관련정보는 신용공여정보로 인식되어 공표가 제한된다. 따라서 일반투자자들이 이러한 정보에 접근하는 것은 제한되고 있다.

153) 금융투자협회는 금융투자업규정 제5-57조 및 협회 규칙 등에 의거하여 증권회사가 할인한 기업어음의 정보를 취합하고 있으며, 기업어음 91물 수익률을 발표하여 유통정보로 제공하고 있다.

154) 한국예탁결제원은 자본시장법 제323조에 따라 자본시장법상 증권 등에 대한 발행내역·사고증권관리기관으로서 기업어음정보를 취급하고 있다. 일반투자자에게는 홈페이지를 통하여 종목명, 금액, 발행일, 상환일 등의 제한된 내역을 공표하고 있으며, 업무참가자(기관투자자)에게는 업무시스템을 통하여 할인기관, 어음번호, 최초취급담당자, 지급처 등의 정보를 제공하고 있다.

기관	기업어음 정보제공 · 공시의 한계
금융감독원	· 분기 · 반기보고서의 보고시점 정보로 투자시점과는 괴리 발생
한국예탁결제원	· 예탁 기업어음증권의 발행인에 대하여 예탁결제원에 대한 발행명세 통지 의무를 부과(자본시장법 § 323①)하고는 있으나, 발행인의 비협조적 태도로 인하여 발행정보 수집에 한계
은행연합회	· 은행 중심의 정보로 신용정보관리규약에 따라 외부에 대한 정보제공이 차단(투자자 접근이 제한)
금융투자협회	· 증권회사의 할인 정보로 한정

불안요소로 작용하게 된다. 아울러, 경기침체나 자금이 부족할 것이라는 풍문이 시중에 유포되는 것만으로도 개별기업이 유동성 위험에 직면할 수 있다. 그 외에 투자자 입장에서도 건전한 투자기업 선택에 어려움이 발생하게 된다.

반면, 전자단기사채의 경우에는 전자단기사채시스템의 핵심운영기관(등록기관)인 한국예탁결제원이 발행인의 발행단계부터 그 내역을 일괄적으로 수집 · 관리할 수 있게 된다. 이는 전자단기사채에 대한 통합정보 제공 및 공시를 할 수 있게 되어 시장의 투명성 제고와 투자자보호를 제고할 수 있을 것으로 보인다.

Q7. 전자단기사채제도를 통한 기업어음제도의 문제 해결방향은 무엇인가?

'기업어음'은 자본시장법상 '채무증권'인 동시에 어음법상 '약속어음'으로서의 법적 지위를 갖고 있다. 이에 따라 기업어음은 자본시장법상 금융투자상품으로서 고도의 유통성이 요구된다. 반면, 기업어음

【표 5-3. 어음의 법적 속성에 따른 문제점과 전자단기사채를 통한 해결방향】

법적 지위		문제점	전자단기사채법	
(약속) 어음	실물발행 강제	실물(實物)발행에 따른 사무부담 및 경제비용발생	사채 (社債)	증권의 전자화(無券化) → 비용절감
		위·변조위험 및 분실위험		증권의 전자화 → 위·변조 가능성 차단
		초단기물 발행 제한		증권의 전자화 → 초단기물 발행 가능
		지방소재기업의 이용 곤란		증권의 전자화 → 지리적 부담감 해소
	분할 금지	단기금융시장의 유통성 저해		분할유통 및 취득 가능 → 유통시장 발달 촉진

은 어음법상 약속어음으로서 실물 발행이 강제되고 분할양도가 금지되는 모순이 발생한다. 즉, 기업어음은 자본시장법상의 금융투자상품임에도 어음의 법적 속성으로 인해 그간 사모 발행에만 의존하면서 유통시장 발달한계 등 여러 문제가 내재되어 있었다.

그러나 전자단기사채제도에서는 전자단기사채를 금융투자상품에 적합하게 사채(社債)로 설계하였다. 이를 통해 기업어음의 이중적 지위에 따른 문제를 해결하여 단기금융시장 활성화에 기여하게 될 것이다. 전자단기사채를 통해 그간 문제 되었던 기업어음의 법적 속성에 따른 문제의 구체적 해결방향은 아래와 같다.

Q8. 전자어음법을 통한 기업어음증권의 전자화로도 이러한 정책목적을 달성할 수 있는 것이 아닌가?

전자어음법을 통해 '기업어음증권'을 전자화할 경우에는 실물유통에 따른 위변조, 분실 등의 문제점은 해결할 수 있다. 그러나 기업어음을 전자화하더라도 권리발생에 권면(券面)을 요하는 설권증권(設權證券)적 속성은 그대로 유지되게 된다. 그 결과 분할·분할양도는 불가능하게 되어 유통시장이 발달하기 어려운 문제점은 여전히 해결할 수 없게 된다.

또한, '어음양도'(전자어음관리기관)와 '대금지급'(거래은행을 통한 개별적 처리) 간 시간적 간극 발생도 여전히 존재하게 되어 신용리스크가 유발된다. 아울러, 전자어음 발행정보의 제공대상을 어음소지인과 발행인의 동의를 얻은 자로 제한(정보접근제한)하기 때문에 시장불투명으로 인한 투자자 보호의 어려움도 존재한다.

그 무엇보다도 전자어음은 전자어음시스템 안에서 전자문서 형태로만 권리가 존재한다. 따라서 실물예탁이나 수량기재를 기초로 한 증권시장의 유통인프라인 증권예탁제도를 이용하는 것이 불가능하다.

【표 5-4. 전자단기사채: '약속어음의 전자화 작업' 추진의 마무리】

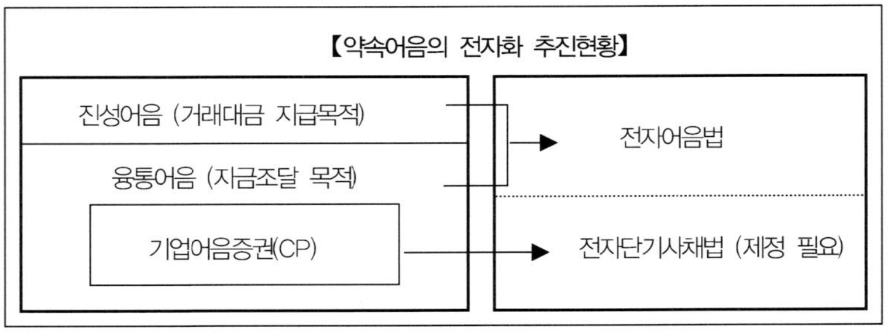

○ 현행 기업어음은 약속어음 중 융통어음의 일종인데, 약속어음은 전자어음법('04. 3) 제정에 따라 기업어음을 제외하고는 모두 전자화됨
○ 전자어음법은 주로 상거래대금지급을 목적으로 하는 진성어음의 전자화를 기본으로 구성되어 있고, 단기자금 융통이라는 특질상 전자어음법을 통한 전자화는 곤란함. 이에 따라 전자단기사채에 관한 별도의 법을 제정하게 된 것임

이에 비하여 전자단기사채제도에서는 기업어음과 동일한 발행 편의성 및 유통성을 가지면서도, 약속어음이 아닌 채권에 해당하게 된다. 그 결과 기업어음제도가 가지고 있는 문제점을 근본적으로 해결할 수 있는 이점이 있다.

제2절 전자단기사채제도의 구성 및 운영구조

Q1. 전자단기사채제도의 기본운용구조는 어떻게 되는가?

전자단기사채제도는 ① 전자단기사채의 발행을 통해 단기자금을 조달하고자 하는 발행인, ② 일반투자자의 권리를 관리하는 계좌관리기관, ③ 계좌관리기관의 고객 권리총액과 계좌관리기관 및 기관투자자의 자기 권리를 관리하는 등록기관(한국예탁결제원)이 서로 유기적으로 연계된 제도라고 할 수 있다.

전자단기사채를 발행하려는 자는 등록기관에 발행인관리계좌를 개설하여야 하며, 등록기관은 발행인의 명칭 등을 기록하여 그 발행인별로 발행인관리계좌부를 작성 및 관리하여야 한다. 또한, 전자단기사채에 대한 권리자(투자자)가 되려는 자는 계좌관리기관이나 등록기관에 계좌를 개설하여야 한다.

이 경우 일반투자자가 자신이 투자한 전자단기사채의 보관관리를 위하여 계좌관리기관에 개설하는 계좌를 '고객계좌'라 하고, 계좌관리기관이나 기관투자자 자신이 투자한 전자단기사채의 보관관리를 위하여 등록기관에 개설하는 계좌를 '계좌관리기관 등 자기계좌'라 한다.

그 외에도 계좌관리기관은 고객계좌부에 등록된 전자단기사채 등의 총액을 관리하기 위하여 등록기관(한국예탁결제원)에 고객관리계좌를 개설하여야 한다. 이 경우 등록기관은 일정사항을 기록하여 계좌관리기관별로 고객관리계좌부를 작성하여 관리하게 된다.

【그림 5-2. 전자단기사채제도의 기본운용구조】

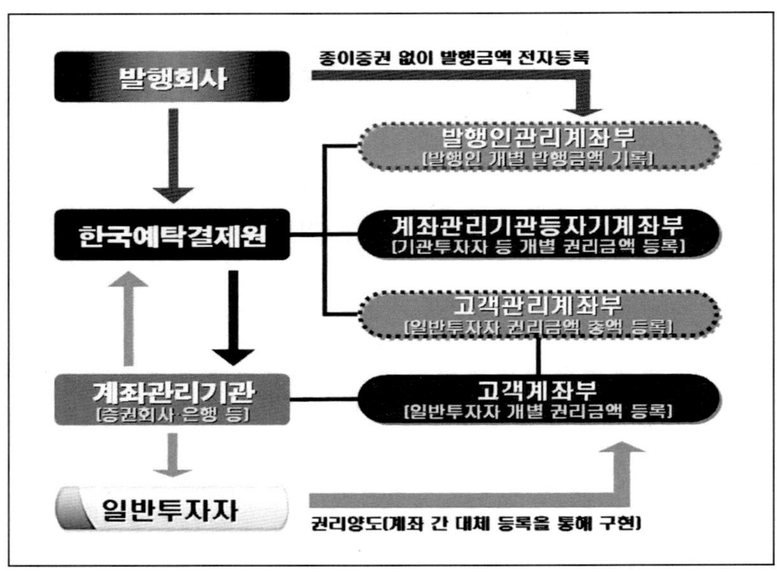

Q2. 전자단기사채법상 '등록'과 '기록'의 개념차이는 무엇인가?

전자단기사채법에서 사용되는 '등록'이란 전자단기사채에 대한 권리의 발생·변동·소멸의 법적 효력발생을 위해 특정장부(고객계좌부·계좌관리기관등자기계좌부)에 기재하는 것을 말한다. 이에 비하여, 전자단기사채법에서 사용되는 '기록'이란 용어는 제도의 안정적 운영을 지원하기 위한 것으로서 등록내용과의 대조를 통해 그 등록내용의 진정성이 확보될 수 있도록 특정장부(발행인관리계좌부·고객관리계좌부)에 기재하는 것을 말한다. 요컨대, 등록에 대해서는 법적 효력이 부여되지만 기록에 대해서는 법적 효력이 부여되지 않는다.

【표 5-5. 전자단기사채법상 등록과 기록의 차이】

구분	등록	기록
의의	● 전자단기사채에 대한 권리의 발생·변동·소멸·실현과 그 권리관계 공시의 법적 효력이 있는 장부에 기재하는 것	● 등록내용과의 교차확인을 통한 초과방지 등 제도운영의 법적 안정성 확보를 위해 법적 효력이 없는 장부에 기재하는 것
법적 장부	● 고객계좌부 – 계좌관리기관의 고객인 권리자의 개별권리내용 등록) ● 계좌관리기관등자기계좌부 – 등록기관의 고객인 권리자의 개별권리내용 등록	● 발행인관리계좌부 – 발행인과 발행인이 발행한 전자단기사채에 관한 사항 기록 ● 고객관리계좌부 – 계좌관리기관을 통해 권리자가 된 자들의 권리총액기록
등록·기록 내용	● 전자단기사채의 종류, 종목, 금액, 권리자, 권리 내용 및 발행 조건 등	● 발행인관리계좌부 – 발행인의 명칭과 사업자등록번호, 발행인이 발행한 전자단기사채의 종류, 종목 및 종목별 금액 등 ● 고객관리계좌부 – 계좌관리기관의 명칭·주소, 전자단기사채의 종류, 종목 및 종목별 금액

	권리 추정력	• 있음 (등록 내용에 따라 적법 권리 추정)	
법 적 효 력	양도 효력	• 있음 (계좌 간 대체 등록을 통해 양도 효력 인정)	해당 사항 없음
	질권 설정 효력	• 있음 (질물인 뜻과 질권자 등록을 통해 질권설정의 효력 인정)	
	신탁 표시 효력	• 있음 (신탁재산인 사실의 등록을 통해 제3자 대항력 인정)	
	선의 취득 효력	• 있음 (선의·무중과실로 권리내용을 신 뢰한 자의 권리보호)	

Q3. 최소단위금액을 1억 원으로 설정한 이유는 무엇인가?

전자단기사채에 있어 '최소단위금액'이란 '전자등록', '분할' 및 '이체(계좌 간 대체)'가 가능한 최소금액을 의미한다. 이처럼 최소단위금액(1억 원)을 설정한 것은 전자단기사채시장이 기관투자자 등 전문투자자 중심의 거액 단기자금시장으로서의 기능을 할 수 있도록 하기 위한 것이다. 이를 통해 복잡한 투자자 보호장치를 필요로 하는 일반·개인투자자에 의한 소액 참여를 제한하고자 한 것이다. 그리고 전자단기사채법에서 최소단위금액을 '1억 원'으로 책정한 것은 (舊)증권거래법상 기업어음의 최소단위금액이 1억 원이었다는 점도 감안한 것이다. 이와 함께 미국이나 영국, 일본 등 주요선진국에서도 최소단위금액을 설정하여 운용하고 있다는 점도 고려되었다.155)

---

155) 최소단위금액으로 일본은 1억 엔, 미국은 10만 달러, 영국은 10만 파운드로 정

Q4. 전자단기사채의 만기를 1년 이내로 설정한 이유는 무엇인가?

(舊)증권거래법상 기업어음에 대해 요구하던 '만기 1년 이내'의 성립요건이 자본시장법 시행('09. 2. 4)으로 폐지되었다. 이에 최근에는 만기 1년을 초과하는 기업어음이 출현[156]하고 있어 기존 회사채 시장을 잠식할 우려가 제기되고 있다. 또한, 단기자금조달수단인 기업어음을 장기자금조달을 위한 편법적 수단으로 이용될 가능성도 커지게 되었다. 이에 전자단기사채제도에서는 전자단기사채를 통해 조달한 자금은 단기자금 용도로만 한정하여 사용할 수 있도록 하기 위해 종전 기업어음과 동일하게 만기를 '1년 이내'로 제한한 것이다. 참고로 일본(1년), 미국(270일), 영국(1년), 프랑스(1년), 독일(1년)과 같은 주요 금융 선진국들도 만기를 1년 이내로 제한하고 있다.

Q5. 타 증권전환이나 타 증권을 취득할 수 있는 권리 부여를 금지한 이유는 무엇인가?

일반적으로 전환사채나 신주인수권부사채 등의 경우에는 장기간에 걸친 주가변동 상황이나 증시 전망 등을 고려하여 권리행사 여부를

하고 있다.

156) 2010년 6월 말 기준으르 한국예탁결제원에 예탁된 기업어음을 기준으로 할 때 만기 1년(365일) 초과 기업어음이 전체 기업어음 예탁잔액(65.6조 원)의 8.13% (5.3조 원)를 차지하고 있다(자료출처: 한국예탁결제원).

결정하게 된다. 따라서 단기간 동안 발행과 상환을 반복하는 전자단
기사채에 대하여는 신주인수권 등 다른 증권을 취득할 수 있는 권리
를 부여할 실익이 없다. 또한, 이러한 주식과 관련한 부가적 권리의
부여금지는 기업어음에 준하여 법률관계를 단순화한다는 차원에서도
필요하다. 참고로 일본의 단기사채제도에서도 우리와 유사한 규정을
두고 있다.157)

Q6. 전자단기사채에 물상담보의 부여를 금지한 이유는 무엇인가?

사채에 담보부사채신탁법」에 따른 물상담보(物上擔保)를 붙이고
자 할 경우에는 발행회사인 위탁회사와 신탁업자 간에 신탁계약의
체결을 필요로 한다.158) 이처럼 발행회사와 신탁업자 간에 신탁계약
이 체결되는 경우에는 신탁회사에 대한 관리·감독이 필요하게 되어
사채권자집회의 소집과 운영이 불가피하게 된다.159) 그런데 전자단
기사채제도에서는 신속한 단기자금 조달의 장애가 되는 사채권자집
회제도의 적용을 배제할 필요가 있기 때문에 물상담보를 붙이는 것
을 금지할 필요가 있는 것이다.

---

157) 사채·주식등대체법 제83조(단기사채의 발행 등에 관한 회사법의 특례) ① 단
    기사채에는 신주예약권을 붙일 수 없다.
158) 담보부사채신탁법 제3조(사채의 발행) 사채에 물상담보를 붙이고자 할 때에는
    그 사채를 발행하는 회사(이하 "위탁회사"라 한다)와 신탁업자와의 신탁계약
    에 의하여 이를 발행하여야 한다.
159) 담보부사채신탁법 제41조(사채권자집회의 소집) 신탁업자 (중략) 필요가 있을
    때에는 언제든지 사채권자집회(중략)를 소집할 수 있다.

Q7. '전자단기사채 등'의 개념을 도입한 이유는 무엇인가?

　현재 기업어음을 발행하고 있는 기업들은 상법상 주식회사에 한정되지 않고 있으며, 특수법인·지방공기업 및 유동화전문회사 등 그 발행주체의 법적 성격이 매우 다양하다. 그런데 전자단기사채는 자본시장법상 사채권에 해당한다. 따라서 특수법인이 발행하는 특수채증권의 경우에는 전자단기사채의 성립요건을 모두 갖추고 있더라도 전자단기사채로의 편입이 어렵게 된다.

　이에 비하여, 기존 기업어음의 경우에는 발행주체의 법적 성격에 관계없이 사실상 동일하게 취급하고 있다. 따라서 특수법인 등 현재 기업어음을 발행하고 있는 모든 기업들이 전자단기사채제도를 이용할 수 있도록 할 필요가 있었다. 이런 점을 감안하여 '전자단기사채 등'이란 개념을 도입하였다. 그리고 이를 통해 발행주체의 법적 성격에 관계없이 전자단기사채의 성립요건을 갖춘 채권에 대해서는 전자단기사채법을 적용하여 발행할 수 있는 길을 열어 둔 것이다.

Q8. 담보부사채신탁법에 의한 물상담보를 금지하고 있는바, 유동화증권인 전자단기사채의 발행은 불가능한 것이 아닌가?

　이 경우 실제로 문제가 될 수 있는 유동화증권의 유형은 상법상 주식회사인 Conduit을 이용하여 발행되는 비등록 ABCP라고 할 수

【표 5-6. '물상담보'와 '유동화자산 담보신탁' 비교】

구분	물상담보(物上擔保)	(Conduit)의 유동화자산(流動化資産) 담보신탁
대상	■ ① 동산 ② (증서가 있는) 채권 ③ 주식 ④ 부동산 등의 물적 담보	■ ① 채권 ② 부동산 등의 재산권으로 자산 유동화의 대상(유동화자산)
설정 근거	■ 담보부사채신탁법」	■ 거래 관행(자산유동화법 非적용)
권리 성격	■ **물권**(물적 담보에 대한 담보물권)	■ 채권(기초자산의 운용 이익에 대한 수익권)
권리자의 지위	■ **'사채권자'** 겸 ■ **'**(물상담보에 대한) **물권자**(담보물권자)'	■ '(유동화증권에 대한) **채권자'** 겸 ■ '(신탁재산에 대한) **수익자'**
기 능	■ **신용확보**(채무 이행 사전 확보)	■ **신용 위험 전이 차단**
우선변제적 효력	■ **있음** → 채무불이행 시 물적 담보에 대한 **담보권 실행**(처분 · 환가 및 정산) **가능**	■ **없음** → 채무불이행 시 유동화자산에 대한 **담보권 실행 불능**

있다. 다시 말해서, Conduit 내에서 시리즈별 유동화자산의 구분관리를 위해 실무상 담보신탁을 설정하고 있다. 그래서 이러한 담보신탁을 물상담보설정으로 오해할 가능성이 있는 것이다.

 그러나 아래 표를 통하여 알 수 있듯이 '유동화증권'과 그 발행의 기초가 되는 '유동화자산의 담보신탁'160)은 '사채'와 그 사채에 대한 '물상담보의 설정'과는 그 성격이 전혀 다르다고 보아야 한다. 요컨대, Conduit이 유동화자산을 신탁업자에게 담보신탁하는 것은 유동화증권에 대한 물상담보부여로 보기는 힘들다. 이런 측면에서 Conduit이 유동화자산을 신탁업자에게 담보신탁하는 것은 전자단기사채법에서 요구하는 물상담보의 부여금지와 충돌되지 않는다고 볼 수 있다.

---

160) ABCP Conduit은 단일의 프로그램에서 다수 유동화자산을 기초로 다수 시리즈 **ABCP**를 발행한다. 따라서 시리즈 간 신용위험 전이 차단을 위해 개별 시리즈 자산의 담보신탁을 활용하고 있다. 이를 통해 채무불이행 발생 시 다른 시리즈 유동화자산에의 영향 발생을 방지하고 있는 것이다.

Q9. 전자단기사채법과 다른 법률과의 관계는 어떻게 되는가?

전자단기사채법 제3조[161]는 전자단기사채 등의 특성과 관련된 같은 법의 규정 이외에도 채권으로서의 일반사항은 상법이나 발행근거 법령상의 관련 규정을 적용할 것을 요구하고 있다. 이는 전자어음에 대해 전자어음법에 정한 사항 이외의 사항에 대하여는 어음법에서 정하는 바에 따르도록 하고 있는 전자어음법과 같은 취지의 규정이라고 할 수 있다.[162]

이 조항에 따라 상법상 주식회사가 전자단기사채 등을 발행하는 경우에 그 전자단기사채 등에 대해서는 전자단기사채법이 정한 사항 이외의 사항에 대해서는 상법상 사채에 관한 규정을 적용받게 된다. 그 외에도 공공기관 등이 전자단기사채 등을 발행하는 경우에는 전자단기사채법이 정한 사항 이외에도 그 공공기관 등의 설립 근거 법령에서 정한 사채에 관한 규정을 적용받게 된다.

---

161) 제3조(다른 법률과의 관계) 전자단기사채 등에 관하여 이 법에서 정하는 것을 제외하고는 상법이나 그 밖에 해당 전자단기사채 등의 발행 등의 근거가 되는 법령에서 정하는 바에 따른다.
162) 전자어음법 제4조(적용 범위) 전자어음에 관하여 이 법에서 정한 것 외에는 「어음법」에서 정하는 바에 따른다.

【표 5-7. 발행주체별 발행 근거 법령(예시)】

발행주체		전자단기사채 등의 법적 성격	발행 근거 법령
상법상 회사		사채	상법 (§ 469外)
유동화전문회사		사채	자산유동화법 (§ 27)
공공기관 등	한국전력공사	특수채	한국전력공사법 (§ 16)
	한국토지주택공사	특수채	한국토지주택공사법 (§ 10)
	대한석탄공사	특수채	대한석탄공사법 (§ 13)
	한국도로공사	특수채	한국도로공사법 (§ 15)

Q10. 전자단기사채 발행의 구체적 절차는 어떻게 되는가?

전자단기사채를 발행하려는 자(발행인)는 우선 발행인관리계좌를 등록기관(한국예탁결제원)에 개설하고, 발행하고자 하는 전자단기사채의 종류·종목 및 종목별 금액 등을 한국예탁결제원에 지체 없이 통지하여야 한다. 이러한 통지를 접수한 한국예탁결제원은 해당 전자단기사채의 전액납입을 확인한 후 통지받은 내용에 따라 자신이 관리하는 발행인관리계좌부와 고객관리계좌부, 계좌관리기관 등 자기계좌부에 각각 기록 및 등록을 하게 된다.

그리고 한국예탁결제원은 그 사실을 해당 금액이 등록된 계좌관리기관 등 자기계좌부에 등록된 자나 해당 고객관리계좌부에 기록된 계좌관리기관에 통지하게 된다. 한국예탁결제원으로부터 이러한 통지를 받은 계좌관리기관은 그 통지 내용에 따른 등록 사항을 고객계좌부에 지체 없이 등록함으로써 발행절차가 종결되게 된다.

Q11. 전자단기사채에 대한 권리양도의 절차는 어떻게 되는가?

전자단기사채에 대한 권리를 보유한 자가 해당 권리를 다른 자에게 양도하기 위해서는 해당 전자단기사채를 계좌 간 대체등록하여야 한다. 이 경우 양도하고자 하는 자는 해당 전자단기사채의 종류·종목 및 종목별 금액 등을 명시하여 그 전자단기사채가 등록된 한국예탁결제원이나 계좌관리기관에 신청하여야 한다.163) 이 경우 계좌 간 대체신청을 받은 한국예탁결제원 또는 계좌관리기관은 지체 없이 해당 전자단기사채등에 대해 계좌 간 대체 등록을 하여 권리양도절차를 종료시키게 된다.

Q12. 전자단기사채에 대한 질권설정 및 말소절차는 어떻게 되는가?

전자단기사채에 질권을 설정·말소하고자 하는 자는 그 전자단기사채 등이 등록된 한국예탁결제원이나 계좌관리기관에 질권설정 또는 말소신청을 하여야 한다. 이 경우 질권을 설정·말소하고자 하는 자는 ① 해당 전자단기사채 등의 종류·종목 및 종목별 금액, ② 질권설정자 및 질권자의 성명 또는 명칭 등을 명시하여 신청을 하여야

---

163) 한국예탁결제원에 등록된 전자단기사채는 계좌관리기관 자기분, 한국예탁결제원에 직접계좌를 개설한 기관투자자가 보유한 전자단기사채를 말하고, 계좌관리기관에 등록된 전자단기사채는 계좌관리기관의 고객이 보유한 전자단기사채를 말한다.

한다. 이러한 질권설정이나 말소신청을 받은 한국예탁결제원 또는 계좌관리기관은 질물(質物)인 뜻과 질권자를 계좌부에 등록하는 방법으로 질권을 설정하거나 그 등록을 말소하게 된다.

Q13. 전자단기사채의 등록말소절차는 어떻게 되는가?

원리금 지급 등의 사유로 전자단기사채의 등록을 말소하고자 하는 자는 그 전자단기사채가 등록된 한국예탁결제원 또는 계좌관리기관에 등록 말소를 신청할 수 있다. 이 경우 전자단기사채의 등록을 말소하고자 하는 자는 ① 해당 전자단기사채의 종류·종목 및 종목별 금액, ② 채권자의 성명 또는 명칭 등을 명시하여 신청하여야 한다. 이러한 신청을 받은 한국예탁결제원이나 계좌관리기관은 지체 없이 해당 전자단기사채의 등록을 말소하게 된다. 그런데 전자단기사채 등에 대한 권리가 소멸된 경우가 있다. 이 경우에는 실체적 관리관계의 부합을 위해 말소 신청이 없더라도 해당 한국예탁결제원 또는 계좌관리기관이 직권으로 그 소멸된 권리에 대한 등록말소를 할 수 있다는 점을 유의하여야 한다.

Q14. 전자단기사채에 대한 선의취득 인정 여부와 그 논거는 무엇인가?

전자화·무권화된 전자단기사채에 대한 권리관계의 파악은 사실상

【표 5-8. 동산 및 유가증권에 대한 선의취득 인정 근거】

동산	유가증권					
	지시 채권	무기명 채권	상법상 유가증권 (주권 제외)	주권	어음	수표
민법 § 249～ § 251	민법 § 514	민법 § 524 (§ 514 준용)	상법 § 65 (민법 § 514 § 524 준용)	상법 § 359 (수표법 § 21)	어음법 § 16②· § 77① i)	수표법 § 21

계좌부를 통한 확인 외에는 다른 방법이 없다. 그 결과 전자단기사채에 대한 이해관계자들의 경우에는 계좌부상의 권리관계를 전적으로 신뢰할 수밖에 없다. 또한, 전자단기사채 유통의 안정성 확보와 활성화 촉진을 위해서는 반드시 원 권리자 중심의 '정적(靜的) 안전'보다는 권리 취득자 중심의 동적(動的) 안전을 확보하는 것이 중요하다. 이에 따라 계좌부상의 등록에 공신력(公信力)을 부여하여 선의취득자를 보호하기 위해 전자단기사채법에서는 선의취득을 인정하고 있다. 참고로 일본의 단기사채제도도 우리와 동일하게 선의취득 규정을 두고 있다.[164]

Q15. 전자단기사채의 실제발행금액과 계좌부기재금액이 불일치하는 경우에는 어떻게 처리하는가?

한국예탁결제원과 계좌관리기관은 매 영업일 영업시간이 종료된

---

164) 사채·주식등대체법 제77조(선의취득) 대체신청에 따라 그 계좌(계좌관리기관의 계좌에서는 자기 계좌에 한한다)에 특정 종목의 대체사채에 대한 증액의 기재 또는 기록이 된 가입자(중략)는 당해 종목의 대체사채에 대한 당해 증액의 기재 또는 기록과 관련된 권리를 취득한다. 다만, 당해 가입자에게 악의 또는 중대한 과실이 있는 경우에는 그러하지 아니하다.

후 전자단기사채의 금액을 종류·종목별로 대조확인을 하게 된다.
이러한 확인 결과 전자단기사채의 실제발행금액보다 계좌부에 기재
된 금액이 많은 경우(이하 '초과등록')가 발생할 수 있다. 이처럼 초
과등록이 발생한 경우에는 초과등록이 발생한 계좌부를 관리하는 계
좌관리기관 또는 한국예탁결제원은 그 초과 등록분에 대한 말소의무
를 부담하게 된다. 그런데 이러한 말소의무가 불이행된 경우에는 계
좌관리기관 또는 한국예탁결제원이 발행인을 대신하여 초과분과 관
련된 채무를 부담하게 되며, 초과 등록 발생에 책임 있는 자에 대해
구상권을 행사하게 된다. 반면, 실제 발행된 전자단기사채금액보다
계좌부기재금액이 적은 경우, 즉 부족분이 있는 경우에는 권리자를
확인하여 해당 기관이 정정기재를 통하여 해결하게 된다.

【그림 5-3. 실제발행금액과 계좌부불일치시의 처리절차】

한국예탁결제원					
① 총발행금액 (발행인관리 계좌부상 기록)	② 계좌관리기관 등의 보유금액 (계좌관리기관등자기계좌부상 등록)		③ 계좌관리기관별 고객보유 총금액 (고객관리계좌부상 기록) ③ = ③-a+③-b+③-c		
	A의 자기보유금액	B의 자기보유금액	A의 고객보유 총액(③-a)	B의 고객보유 총액(③-b)	C의 고객보유 총액(③-c)
발행인	계좌관리 기관(A)	계좌관리 기관(B)	계좌관리 기관(A) 개별 고객 보유금액 (고객계좌 부상 등록) 고객 고객 고객 (甲) (乙) (丙)	계좌관리 기관(B) 개별 고객 보유금액 (고객계좌 부상 등록)	계좌관리 기관(C) 개별 고객 보유금액 (고객계좌 부상 등록)

▷ **한국예탁결제원의 경우** "① = ② + ③"의 일치 여부를 매일 확인 ⇒ "① 〈 ② + ③" 발생 시 **초과분 말소 처리**
▷ **계좌관리기관(A)의 경우** "③-a = 甲 + 乙 + 丙"의 일치 여부를 매일 확인 ⇒ "③-a 〈 甲+乙+丙" 발생 시 **초과분 말소 처리**

Q16. 초과등록발생 시(권리계좌〉관리계좌)의 구체적 처리방법은 무엇인가?

아래 [그림 5-4]에서 '등록되어야 할 금액(③)'보다 '등록된 금액(④)'이 큰 상황이 발생하였다고 가정해 보자. 이 경우 계좌관리기관은 그 차액(④-③)을 해당 고객계좌부에서 말소하여야 한다. 이때 선의취득자가 없는 경우에는 해당 계좌관리기관이 직권으로 초과등록분을 말소하게 된다. 그러나 선의취득자가 있는 경우에는 유상취득·소각하는 방법으로 해당 초과등록분을 말소하게 된다. 이 경우 그때까지 해당 계좌관리기관을 통해 해당 종목을 보유한 채권자는 그 초과분에 대해 자신의 채권액에 비례하여 발행인에 대한 권리행사가 제한된다.

이와 마찬가지로 한국예탁결제원 또한 '발행된 금액(①)'보다 '등록 또는 기록된 금액(②-③)'이 큰 상황이 발생한 경우 그 차액[(②+③)-①]을 해당 계좌부에서 말소하여야 한다. 이 경우 선의취득자가 없는 경우에는 직권으로 말소하게 되나 선의취득자가 있는 경우에는 유상취득·소각하는 방법으로 말소하게 된다. 그리고 그때까지 해당 종목의 채권자는 그 초과분에 대해 자신의 채권액에 비례하여 발행인에 대한 권리 행사가 제한되게 된다.

【그림 5-4. 총 발행금액과 등록금액의 확인방법】

등록기관(한국예탁결제원)		계좌관리기관
① 발행인관리계좌부 (총발행금액)	② 계좌관리기관등자기계좌부 (계좌관리기관 등의 자기분)	
	③ 고객관리계좌부 (계좌관리기관의 고객분)	④ 고객계좌부 (개별 고객분)

한국예탁결제원: "①=②+③" 확인 / 계좌관리기관: "③=④" 확인

Q17. 상법에 대한 특례를 둔 이유와 그 특례의 내용은 무엇인가?

기업의 신속한 단기자금 조달이라는 전자단기사채의 도입목적을 달성하기 위해서는 상법상의 사채 관련 조항에 대한 특례를 마련할 필요가 있다. 상법의 일부 사채관련 조항은 수시로 발행과 상환이 반복되는 전자단기사채에 그대로 적용하기에 적합하지 않기 때문이다. 또한, 기업어음증권과 유사한 상품성(발행절차 및 관리가 간편)을 확보하기 위해서도 상법에 대한 특례를 인정할 필요가 있다.

우선, 상법에 대하여는 '발행절차' 및 '발행 한도'에 대한 특례를 둘 필요가 있다. 발행절차와 관련하여서는 기업어음과 유사한 수준의 발행편의를 발행인에게 제공하면서도 발행의 남발위험을 통제하여야 한다. 이를 위해 전자단기사채법에서는 이사회가 정하는 발행한도 내에서 대표이사에게 전자단기사채 등의 발행 권한을 위임할 수 있도록 하였다. 발행한도와 관련하여서는 단기간에 발행·상환이 반복되는 전자단기사채의 특성을 고려하여 미상환된 전자단기사채

등의 발행잔액을 기준으로 하였다.

그다음으로는 "사채원부의 작성"을 면제하는 특례를 두었다. 이는 채권자가 전자적으로 관리될 뿐만 아니라 단기간에 전자단기사채가 발행·상환되기 때문에 사채원부의 작성실익이 없음을 고려하여 둔 규정이다.

마지막으로 "사채권자집회"에 관한 규정 적용을 배제하는 특례를 두고 있다. 이는 전자단기사채시장이 전문기관투자자 중심으로 운용될 것으로 예상되고, 기존의 기업어음에도 사채권자집회에 상응하는 제도가 없다는 점을 고려하여 둔 것이다.

제3절 해외사례 및 유사제도와의 비교

Q1. 사채, 전자단기사채, 기업어음의 차이점은 무엇인가?

사채, 전자단기사처, 기업어음 모두 자본시장법상 채무증권이란 점에서는 동일하다. 그러나 기업어음은 단기자금조달을 위해 발행하는 어음법상 약속어음이라는 점에서 장기자금조달을 위해 집단적·정형적으로 발행하는 증권인 사채와는 구분된다고 할 수 있다. 또한, 전자단기사채는 사채로서 일정한 성립요건을 갖추고 전자등록 방식으로 발행·유통되는 증권이라는 점에서 일반사채와 구분된다. 사채와 전자단기사채, 기업어음의 구체적인 차이점을 비교하면 아래의 표와 같다.

【표 5-9. 사채, 전자단기사채, 기업어음의 비교】

구분	상법상 사채	전자단기사채	자본시장법상 기업어음
목적	장기자금조달	단기자금조달	단기자금조달
법적 성질	사채	사채	약속어음
무권화	가능(선택사항)	가능(의무사항)	불가능
발행권한	이사회, 대표이사(위임)	대표이사	대표이사
발행한도	제한 없음165)	이사회 결정	제한 없음
발행자격	주식회사	주식회사·특수법인	주식회사
최저금액	제한 없음166)	1억 원	제한 없음
만기	제한 없음	1년 이내	제한 없음
납입방법	일시·분할 납입	일시 납입	일시 납입
양도방법	실물교부 *예탁된 경우 계좌 간 대체	계좌대체	실물 배서·교부 *예탁된 경우 계좌 간 대체
분할양도	가능	가능	불가능
지역적 한계	제한 없음	제한 없음	사실상 수도권 소재기업 한정

---

165) 사채총액이 순자산액의 4배를 초과하지 못하도록 제한하고 있던 구 상법 제 470조(총액의 제한) 규정은 2011년 3월 상법개정시 폐지되었다. 그 대신 개정 상법에서는 정관에서 정하는 바에 따라 이사회는 대표이사에게 사채의 금액 및 종류를 정하여 1년을 초과하지 아니하는 기간 내에 사채를 발행할 것을 위 임할 수 있도록 하였다(개정상법 제469조 제4항). 이에 따라 이사회결의를 통 하여 사채를 발행하는 경우에는 발행한도가 없게 되나 대표이사에게 위임하여 사채를 발행하는 경우에는 일정한 한도제한이 있게 된다.

166) 각 사채의 금액을 1만 원 이상으로 하고, 동일 종류의 사채는 각 사채의 금액 을 균일하거나 최저액으로 정제될 수 있어야 한다는 기존 상법규정(舊상법 제 472조)은 2011년 3월 상법 개정 시 폐지되었다.

Q2. 기업어음과 전자단기사채의 설계구조상의 구체적 차이는 무엇인가?

전자단기사채는 기업어음과의 원활한 대체를 위해 기업어음과 유사하게 설계하고 있다. 그러나 전자단기사채는 기업어음의 문제점 및 한계를 극복하기 위하여 도입된 금융투자상품이다. 따라서 기업어음과는 설계구조상 분경한 차별성이 존재하는데 그 구체적 차이를 살펴보면 다음과 같다.

【표 5-10. 기업어음과 전자단기사채의 설계구조 비교】

구 분	기업어음(企業어음)	전자단기사채(電子短期社債)
① 최저 액면 금액	○ 현재 기업어음의 대부분이 액면금액 1억 원 이상으로 발행 ○ 舊 증권거래법상 기업어음도 최저 액면금액을 1억 원으로 책정(舊재경부고시 제2001-20호)	○ 기업어음의 발행 관행과 종전 기업어음의 최저 액면금액을 고려하여 전자단기사채의 최소 액면금액을 1억 원으로 책정
② 만기	○ 현재 기업어음의 대부분은 만기 1년 0 하로 발행 ○ 舊 증권거래법상 기업어음도 만기를 1년 이하로 책정(舊재경부고시제2001-20호)	○ 기업어음의 발행 관행과 종전 기업어음의 만기를 고려하여 전자단기사채의 만기를 1년 이하로 척정 ○ 만기 제한 폐지로 인한 기업어음의 사채시장 잠식 폐해도 그려
③ 어음 금액 납입	○ 조달 가능 지금에 대한 인수기관과의 협의 및 전액 일시 납입에 의한 발행이 시장 관행	○ 기업어음의 어음금액 납입 관행을 그려하여 전자단기사채 금액 전액을 일시에 납입하도록 규정
④ 원리금 지급	○ 분할지급을 금지하는 어음법의 규정과 어음의 단순성 유지를 위허 어음금액은 만기에 일시 전액 지급	○ 기업어음의 원리금 지급 방식과 동일하게 전자단기사채의 원리금도 만기에 일시 전액 지급하도톡 규정

| ⑤ 부가
권리 부여 | ○ 법상 명시적 금지규정은 없으나, 어음금액 지급에 관한 단순성 요구 등을 감안할 때 부가적 권리 부여는 어려울 것으로 판단
○ 단기간 동안 발행과 상환이 반복되는 기업어음의 특성을 감안해도 부가적 권리 부여의 대상으로는 부적합 | ○ 기업어음과 동일하게 전자단기사채에도 부가적 권리 부여를 금지하도록 규정
○ 어음의 단순성을 고려하여 전자단기사채도 법률관 계를 기업어음에 상당하는 수준으로 단순화 함 |
| ⑥ 물상
담보 부여 | ○ 발행인의 신용을 기초로 하여 발행하는 기업어음의 속성상 물상담보 부여 사례는 없음 | ○ 기업어음과 동일하게 전자단기사채에는 물상담보 부여를 금지하도록 규정 |

Q3. 자본시장법상 증권예탁결제제도와 전자단기사채 법상의 전자단기사채제도의 차이점은 무엇인가?

자본시장법상 '증권예탁제도(證券預託制度)'란 증권중앙예탁기관 (CSD)에 유가증권을 집중예탁하고, 이를 통해 종이증권의 이동·보관의 위험을 해소하고 증권의 유통활성화를 목적으로 하는 것이다. 이에 비하여 '전자단기사채제도(電子短期社債制度)'란 종이어음으로 파생되는 문제들을 해소하기 위해 기업어음을 전자등록형태의 전자단기사채로 설계한 전자증권 기반의 전자단기사채법상 제도를 말한다. 자본시장법상의 증권예탁결제제도와 전자단기사채법상의 전자단기사채제도를 구체적 차이점을 비교하면 아래의 표와 같다.

【표 5-11. 증권예탁제도와 전자단기사채제도 비교】

구분	증권예탁제도	전자단기사채제도
도입목적	증권의 부동화(不動化)를 통한 유통 원활화	증권의 무권화(無券化)를 통한 발행 및 유통 원활화
법적기반	자본시장법	전자단기사채법
적용대상	(자본시장법상) 증권 + (원화표시) CD 등	(자본시장법상) 사채권 · 특수채증권 등 특정 요건 충족
권리형태	종이증권 또는 등록발행(불완전 무권화)	전자등록(완전 무권화)
운영기관	한국예탁결제원	한국예탁결제원
참가자	예탁자 일반투자자	계좌관리 기관 법률에 따라 설립된 기금 등 일반투자자
기재 · 등록 효력	점유 간주	적법한 권리의 보유 추정
권리양도	계좌 간 대차 기재	계좌 간 대체 등록
투자자 보호	예탁증권 등 부족 시 한국예탁결제원과 (고객을 갖는) 예탁자 간 연대보전	등록 초과 · 선의취득자 발생 시 초과분이 발생한 계좌부의 관리기관이 말소의무 부담

【표 5-5. 증권예탁제도와 전자단기사채제도의 운용구조 비교】

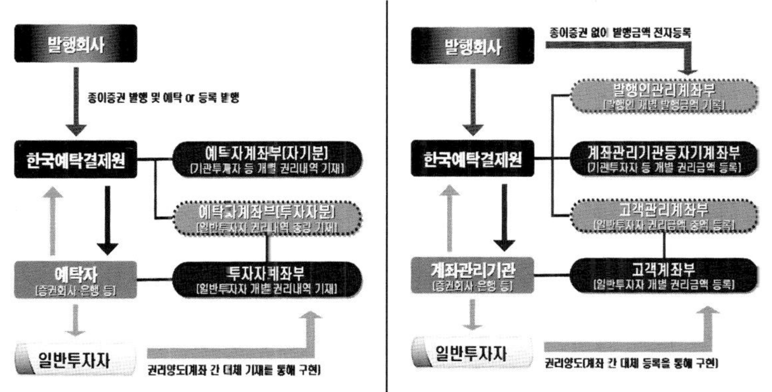

【표 5-12. 전자어음과 전자단기사채제도의 비교】

구분	전자어음	전자단기사채
유통	• 배서(전자서명)를 통해 양도(배서 횟수는 20회를 초과할 수 없음) • 분할유통 금지 • 질권설정, 신탁재산표시 불가 (지급결제수단)	• 한국예탁결제원 또는 계좌관리기관이 관리하는 계좌부상 등록을 통해 양도 • 1억 원 이상 분할 유통가능 • 질권설정, 신탁재산표시 가능 (투자유가증권)
결제	• 어음·자금의 동시결제 불가능	• 동시결제(DVP)
발행 정보 공개	• 전자어음 소지인이나 전자어음발 행인의 승낙을 얻은 자에 한하여 전자어음 발행정보 제공	• 전자단기사채의 발행정보를 한국예탁결 제원의 홈페이지를 통해 상시 공개

Q4. 전자어음과 전자단기사채의 차이는 무엇인가?

 '전자어음'이란 전자문서(권면형태의 전자화)로 작성되고 전자어음 관리기관(금융결제원)을 통해 등록·발행된 약속어음을 말한다. 이에 비하여 '전자단기사채'란 만기 1년 이하 등 일정한 성립요건을 갖추 고 전자등록 방식으로 등록기관(한국예탁결제원)을 통해 등록·발행 된 사채를 말한다. 전자어음과 전자단기사채의 구체적 차이점을 살 펴보면 아래와 같다.

Q5. 우리나라의 전자단기사채제도와 일본의 단기사 채제도의 유사점과 차이점은 무엇인가?

 우리나라의 전자단기사채법은 일본이 도입·운영 중에 있는 단기사채제도를 벤치마킹한 것이다. 따라서 전자단기사채제도상의 전자단기사채의 개념 정의, 적용 범위, 제도의 운영기관과 참가자, 법적 장부 기재의 효력, 전자단기사채의 발행·유통 및 상환절차 등의 기본구조는 일본과 유사하다고 할 수 있다. 그러나 우리의 전자단기사채법은 현행 자본시장법상의 증권예탁결제제도의 특성을 고려하고, 투자자의 이익·보호를 강화하고 있다는 차원에서 일부 사항은 일본과 다르다. 우리나라의 전자단기사채제도와 일본의 단기사채제도의 구체적 차이점을 비교하면 다음과 같다.

【표 5-13. 우리나라 전자단기사채제도와 일본의 단기사채제도와의 비교】

구분	한 국	일 본
등록기관 지정	특허주의 (법상 특정 → 한국예탁결제원)	허가주의 (금융청장관 지정 → JASDEC)
계좌관리구조	2단계(two-tier) 구조 (① 한국예탁결제원 → ②계좌관리기관 등)	다단계(multi-tier) 구조 (① 대체기관(JASDEC) → ②계좌관리기관 등 → ③ 차하위계좌관리기관 등 → ④ 차하위계좌관리기관 등 (계속))
채권지증 명서제도	있음	없음
소유내용 통지제도	있음	없음
계좌관리기관에 대한 검사	있음	없음

Q6. 기업어음(CP)의 법적 성격에 대한 해외사례는 어떠한가?

기업어음(CP)제도를 운영하고 있는 국가 중 기업어음(CP)을 우리나라와 같이 약속어음의 형태로 수용하고 있는 나라는 일본을 제외하고는 찾기 어렵다. 미국은 무담보채무증서(USCP)로, 프랑스는 양도성채무증권(TCN)으로 기업어음(CP)의 법적 성격을 규정하고 있다. 이에 비하여, 영국은 지급약정 무기명증서(ECP)로, 독일은 단기채무증권으로 기업어음(CP)을 보고 있다.

Q7. 일본의 단기사채제도 도입경과 및 도입 이후의 최근상황은 어떠한가?

일본은 자본시장의 변화와 개방요구 등에 대한 대응방안 중 하나로 서구의 기업어음(CP)제도를 도입(약속어음 형태로 기업어음을 수용, 1987년 11월)하였다. 그러나 약속어음인 기업어음의 속성에서 파생되는 문제점(종이증권 발행에 따른 비용 및 리스크 등)들이 시장에서 지속적으로 노정되었다.

이에 일본은 서구의 기업어음(CP)과 그 성질이 유사한 단기사채(短期社債) 개념을 새로이 도입하였다. 2001년 6월 단기사채등대체법 제정하여 법적 근거를 마련하였고, 2002년 4월에는 동법을 시행하였다. 그리고 마침내 2003년 3월에 최초로 단기사채(短期社債)를 발행하였다.

【표 5-14. 일본의 인지세우대조치 폐지내용】

2005년 3월 31일 이전 인지세	인지세 우대조치 폐지 ('05. 3. 31) ⇒최소 4배에서 최대 40배의 인지세 상승	2005년 4월 1일 이후 인지세
(액면금액에 상관없이) 1매당 5천 엔		최소 2만 엔(액면금액 1억 엔)부터 최고 20만 엔(액면금액 10억 엔 초과)

　　최근 일본에서 단기사채(短期社債, 전자 CP)가 차지하는 비중은 거의 100%에 달하고 있다.[167] 이처럼 일본이 기업어음에서 단기사채로 시장수요가 급속하게 이동한 것은 2005년 3월 3일에 시행된 종이어음에 대한 인지세 우대조치 폐지와 무권화(Paperless)·전자화된 단기사채의 편의성에 대한 시장 공감대 형성으로 인한 것으로 파악되고 있다.

제4절 전자단기사채제도의 기대효과 및 영향

Q1. 전자단기사채제도의 이해관계자별 기대효과는 무엇인가?

　　2013년 1월 전자단기사채제도가 시행되면 시장참가자나 정책당국

---

167) 2009년 6월 발행금액 기준 전체 CP발행잔액(109,564억 엔)의 99.9%(109,484억 엔)를 단기사채가 차지하고 있으며 기존의 종이기업어음은 0.01%(80억 엔)에 불과하다.

에 다양한 긍정적 효과를 가져올 것으로 전망된다. 전자증권제도가 가져올 다양한 기대효과를 이해관계자별로 정리하면 다음과 같다.

【표 5-15. 전자단기사채제도의 이해관계자별 기대효과】

발행회사	① 도난 · 분실 · 위변조 등 종이어음 관련 위험 · 사무 부담 원천제거 ② 기업의 단기자금 조달 수단 선택권 확대 ③ 전자적 업무 처리를 통한 지방소재 기업의 단기자금 조달 불편 해소 ④ 초단기물(전자단기사채) 발행을 통한 자금운용의 고도화 · 정밀화 실현 ⑤ 분할유통 실현에 따른 유통활성화로 보다 용이한 투자자 모집 가능
투자자	① 도난 · 분실 · 위변조 등 종이어음 관련 위험 부담 원천제거 ② 단기자금 운용 수단 · 기회 확대(초단기 자금의 투자 용이) ③ 분할유통에 따른 상품의 유동성 제고 ④ 정보 투명성 강화에 따른 정보 접근권 제고(신용리스크 관리 용이)
정책 · 감독 당국	① 정보 투명성 확보에 따른 시장 상황의 정확한 파악 · 분석 가능 ② 분할유통 실현에 따른 유통 활성화 기대(단기자금시장 발전 기여)
중개 · 인수 기관	① 도난 · 분실 · 위변조 등 종이어음 관련 위험 · 관리 부담 완전 해소 ② 종이어음의 예탁 · 반환 및 인수도에 따른 관련 비용 · 사무 부담 제거 ③ 분할유통 실현에 따른 유통 활성화 기대(시장 규모 확대)

Q2. 기업어음과 대비하여 전자단기사채 이용에 따른 발행인의 비용부담은 어떻게 되는가?

단기자금 조달을 위한 발행인의 부담은 기업어음을 이용할 때에 비하여 감소할 것으로 예상된다. 그 이유는 ① 권리형태(종이어음)로 파생되는 사무부담(발행 · 보관 및 인수도 등)과 위험관리비용(위변조 · 분실 등) 제거되고, ② 초단기물의 발행이 활성화됨에 따라 은행대출의 의존도가 축소될 뿐만 아니라, ③ 발행정보의 투명성이 확보되어 우량기업들은 조달금리가 인하될 가능성이 매우 높기 때문이다. 발행인이 기업어음을 발행할 때와 전자단기사채를 발행할 경우의 발행관련 비용을 비교해보면 다음과 같다.

【표 5-16. 기업어음과 전자단기사채의 발행관련 비용 비교】

기업어음	전자단기사채
① 종이증권 제작·관리 ② 원리금 지급 대행 비용 ③ 인수수수료(종이증권 인수도 비용 포함) ④ 중장기물 위주의 상대적 높은 금라→ 초단기물인 콜자금에 비해 금리가 비교적 높게 형성('CD금리+∂'가 일반) ⑤ 정보불투명성으로 인한 우량기업 우대 한계	① 전자등록 수수료(종이증권 위험비용 제거) ② 발행·지불 대행 비용 ③ 인수수수료(종이증권 인수도 비용 제거) ④ 초단기물 위주의 상대적 낮은 금리 → 전자단기사채 금리의 콜금리 근접(콜금리+∂ 기대) ⑤ 정보투명성으로 인한 우량기업 우대 가능

Q3. 전자단기사채제도를 이용하는 경우 초단기물의 발행이 가능하게 되는데 그 구체적 효과는 어떻게 되는가?

현재 금융회사 간 단기금융시장은 차입이 용이하고 금리도 상대적으로 낮은 무담보 콜시장을 중심으로 운영되고 있다.[168] 그런데 과도한 콜 의존은 과거 글로벌 금융위기 때와 같이 콜시장에 충격이 올 경우 해당 금융회사들의 리스크를 상승시키게 된다. 그리고 이는 다시 금융시장 전체에 대한 시스템 리스크로 전이될 수 있다. 이에 따라 기업이 전자단기사채를 통해 초단기 자금을 조달할 수 있게 되

---

[168] 우리나라 단기자금시장 비중을 살펴보면 콜시장 50.5%, RP시장 16.0%, CP시장 17.2%, CD시장 16.4%이다('10. 5월 말 일평균 거래규모 기준, '10. 7. 27일자 금융위원회 보도자료 참조).

면, 현재와 같은 콜시장 편중현상과 그에 내제된 리스크를 상당 부분 해소될 수 있을 것으로 보인다.

Q4. 전자단기사채제도가 중소기업에 미치는 영향은 어떠한가?

기업어음은 통상 신용상태가 양호한 기업이 상거래와 관계없이 단기자금조달을 위하여 자기신용을 바탕으로 발행하는 만기 1년 이내의 융통(融通)어음(accommodation bill)을 말한다. 이에 기업어음은 대부분 신용도가 높은 대기업들이 발행하게 된다. 그 결과 중소기업이 발행하는 기업어음은 2010년 6월 말 현재 약 5천억 원에 불과하여 전체 일반기업어음 발행잔액(약 30.9조 원)의 1.6%를 차지하고 있다.

이처럼 기업어음시장 자체가 신용도가 높은 발행기업 중심의 도매자금시장 성격이 강하기 때문에 중소기업의 시장 진입은 미미한 상황이다.169) 이에 따라 기업어음을 대체하고자 도입하는 전자단기사채는 기존 중소기업의 단기자금 조달에는 큰 영향을 주지 않을 것으로 예상된다. 오히려, 한국예탁결제원이 도입하게 되는 발행 전 메시지전달서비스인 PIM서비스가 정착되면 인수기관의 확대를 가져오는 효과가 있어 우량한 중소기업들의 경우에는 단기자금조달이 보다 용이해 질것으로 전망된다.

---

169) 기업어음의 매매, 중개 · 주선 또는 대리는 2 이상의 신용평가업자로부터 B등급 이상을 받은 기업어음만 증권회사나 종합금융회사가 취급이 가능하여, 사실상 기업어음을 발행할 수 있는 기업은 우량기업에 한정되어 있다.

('10. 6월 말 발행잔액 기준)

구 분	일반기업어음				합 계
	일반회사		금융회사		
	대기업	중소기업	대기업	중소기업[*]	
회사수	135社	–	42社	2社	179
금 액	20.4조 원 (66.0%)	–	10.0조 원 (32.4%)	0.5조 원 (1.6%)	30.9 (100%)

* 중소기업청의 중소기업 DB정보에 따른 중소기업 분류 기준, 한국예탁결제원이 관리 종목정보 기준

Q5. 기업어음이 전자단기사채제도로 전환되는 규모나 그 소요기간은 어느 정도로 예상되는가?

전자단기사채는 기업어음에 비하여 다양한 장점들을 가지고 있다. 따라서 기업들의 단기자금 조달수단은 향후 '기업어음'에서 '전자단기사채'로 점진적으로 이동할 것으로 보인다. 특히, 기존의 증권예탁결제제도 이용자들의 경우에는 증권예탁결제제도에 비하여 한 단계 업그레이드 된 전자단기사채제도의 도입 이후 1~2년 내에 전자단기사채제도로 급격히 이동할 것으로 예상된다. 이는 우리보다 앞서 제도를 도입하여 운영하고 있는 일본의 사례를 통하여 파악할 수 있다. 일본의 경우 단기사채제도를 도입(2003년 3월 최초 발행)한 이후 기업어음의 발행이 급격히 감소하였다. 그 결과 2009년 6월 발행금액 기준으로 전체 기업어음발행금액의 **99.9%**를 단기사채가 차지하고 있다.

Q6. 전자단기사채 발행정보가 과다하게 공개되어 발행기업에 부담을 줄 가능성은 없는가?

기업어음의 경우에는 한국예탁결제원에 예탁할 의무가 없는 기업어음정보에 대한 수집 및 공개가 곤란하였다. 이에 발행정보의 사각지대가 발생하여 투자자보호에 문제가 있었다. 또한, 기업어음의 경우에는 발행한도에 제한이 없다. 따라서 이러한 상황에서의 발행정보의 효과는 발행남발 위험억제나 기업상환능력 예측에 한계가 있다.

그러나 전자단기사채제도에서는 모든 전자단기사채에 대한 정보의 수집 및 공개가 이루어지게 된다. 그 결과 발행정보의 사각지대가 원천차단되어 단기금융시장의 투명성을 제고하고 투자자보호를 강화할 수 있게 된다. 이와 함께, 발행잔액한도의 공개 시 기업별 발행금액이나 기업의 상환능력을 예측할 수 있게 한다.

한편, 전자단기사채 발행정보가 과다하게 공개되는 경우에는 전자단기사채의 발행기업에 부담을 줄 수도 있다는 일부 우려가 있는 것도 사실이다. 그러나 전자단기사채의 발행정보 공개는 투자자 보호와 기업별 발행규모의 정확한 파악을 위한 필요 최소한의 수준이다. 따라서 전자단기사채발행을 통한 기업의 편의와 이익을 감안할 때 발행정보 공개가 기업에 큰 부담을 초래한다고 보는 것은 타당하지 않다고 본다.

【표 5-18. 발행정보 공개수준 비교】

(예탁)기업어음 (자본시장법 §323 ① · ③ 등)	전자단기사채 (전자단기사채법안 §33 등)	(日)短期社債 (사차 · 주식등대체법 §87 등)
① 종목(종목코드 포함)	○ 종목(종목코드 포함)	① 종목
② 발행금액	② 발행금액	② 발행금액
③ 발행 조건(만기 등)	③ 발행조건(만기 등)	③ 발행 조건(만기 등)
④ 발행일	④ 발행일	④ 발행일
	⑤ 발행잔액한도[170]	⑤ 발행잔액한도(사모 시 저의)
	⑥ 각 사채의 금액	⑥ 각 사채의 금액

Q7. 전자단기사채제도 도입에 따라 기존 기업어음제도는 폐지되는 것인가?

전자단기사채제도가 시행되더라도 기업어음제도를 일시에 폐지할 경우에는 새로이 도입되는 제도에 익숙하지 않은 시장 참가자들에게 혼란이 발생할 수 있다. 이에 따라 기업어음(CP)의 무권화 제도를 운영하고 있는 대부분의 국가도 제도의 이용 여부를 자율에 맡기고 있다. 그 외에도 새로운 제도의 시행 초기에 발견될 수 있는 제도적 · 실무적 미비점을 보완할 기간이 필요할 수 있다. 이러한 사항 외에도 기타 정책적 고려에 따라 전자단기사채제도 도입 이후에도 기업어음 증권제도는 그대로 존속될 것으로 보인다. 그리고 기업어음제도의 폐지 여부는 향후 전자단기사채제도의 운영성과 등을 그려하여 별도로 검토될 것으로 예상된다.

---

170) 일본, 영국, 프랑스의 경우도 발행잔액한도(program amount)를 공개하고 있다.

Q8. 전자단기사채제도가 사 금융시장에 미치는 영향은 어떠한가?

　기업어음은 금융기관을 통한 단기자금 조달을 위해 기업이 자신의 신용171)을 기초로 하여 발행한다. 이에 비하여 사 금융시장172)에서 취급되는 어음(진성어음 포함)은 신용도가 낮아 금융기관을 이용할 수 없는 개인사업자나 부실(한계)기업이 발행한 것이 대부분이다. 또한, 사 금융시장에서는 저 신용에 따른 고위험 회피를 위해 어음할인 시 자금대여자가 별도로 담보를 요구하는 경우도 상당수 있다. 이에 어음이 담보부채무증서로 변질되는 경우도 있다.

　이처럼 '기업어음'과 '사 금융시장에서 취급되는 어음'은 그 발행주체나 취급영역이 전혀 다르다고 할 수 있다. 다시 말해서, 기업어음을 통해 단기자금을 조달할 수 있는 기업은 ① 사 금융시장 이용에 따른 기업 신뢰도·평판도 하락, ② 금융기관 대비 불리한 할인율 적용 등을 감안할 때 사 금융시장을 이용할 실익이 없다고 본다. 따라서 기업어음을 대체하고자 도입하는 전자단기사채가 사 금융시장에 미치는 영향은 매우 미미하다고 할 것이다.

---

171) 기업어음의 매매, 중개·주선 또는 대리는 2 이상의 신용평가업자로부터 B등급(적기상환능력은 적정 시 되나 단기적 여건변화에 따라 그 안정성에 투기적 요소가 내포) 이상을 받은 기업어음만 증권회사나 종합금융회사가 취급이 가능하여, 사실상 기업어음을 발행할 수 있는 기업은 우량기업에 한정되어 있다.

172) 일반적으로 은행 등 금융기관을 통해 금융거래가 이루어지는 시장을 공 금융시장으로, 금융기관을 통하지 않고 금융거래가 이루어지는 시장을 사 금융시장으로 지칭한다.

Q9. 회사채 발행수요가 전자단기사채로 이동할 우려는 없는가?

일시적 자금수요나 운전자금(運轉資金)173) 등 '단기자금' 조달을 위해 발행하는 '전자단기사채'와 시설자금이나 R&D 투자자금 등 '중·장기자금' 조달을 위해 발행하는 '사채'와는 그 발행 목적이 일반적으로 구분된다.174) 따라서 기업어음을 대체하고자 도입하는 단기금융상품인 전자단기사채로 사채발행수요가 이동할 것으로 보기는 어렵다. 또한, 중·장기자금을 단기금융상품으로 조달하는 것은 조달위험(재 조달위험 등) 측면에서 볼 때 기업에게 오히려 불리하다고 할 수 있다.

회사채시장과 관련된 최근 문제는 만기 제한이 폐지된 기업어음의 장기화 경향175)에 따른 회사채시장 잠식위험에서 비롯된 것이다. 그러나 전자단기사채는 기업어음과 달리 만기를 1년 이하로 제한하여 중·장기자금으로의 전용 가능성을 억제하고 있다. 따라서 회사채수요가 전자단기사채로 이동할 유인은 거의 없다고 본다.

---

173) 기업에서 생산 활동에 필요한 재료비·인건비 등의 지급에 쓰는 자금을 말한다.

174) 회사채의 만기별 발행잔액 현황을 보면 2010년 11월 16일자 기준(한국거래소 홈페이지) 1년 미만이 1조 원인 0.5%에 불과하다.

175) 기업어음의 만기요건(1년 이내) 폐지('09. 2. 4) 이후 만기 1년 초과 기업어음의 발행량은 지속적으로 증가하여, '10. 6월 말 예탁기업어음을 기준 전체 기업어음 예탁잔액(65.6조 원)의 8.13%(5.3조 원)를 차지하고 있다.

제5절 전자단기사채제도의 정착을 위한 검토과제

Q1. 전자단기사채의 발행 시 증권신고서의 제출 여부

전자단기사채는 자본시장법상 채무증권에 해당하기 때문에 그 모집 또는 매출을 위하여는 원칙적으로는 발행인이 금융위원회에 증권신고서를 제출하여야 한다.[176] 그러나 전자단기사채의 발행에 증권신고서의 제출을 요구할 경우에는 증권신고서 제출 및 그 효력발생일까지 약 7일 이상의 기간이 소요되게 된다. 그러나 이 경우에는 신속한 단기자금조달이라는 전자단기사채의 기능이 제대로 발휘되기 어렵다.

이에 따라 전자단기사채의 중요한 속성인 신속한 발행을 위해서는 증권신고서의 제출을 면제할 필요가 있다고 본다. 그런데 증권신고서 제출을 면제하는 방법으로는 두 가지를 생각해 볼 수 있다. 그 중 하나는 전자단기사채를 사모사채로 도입하여 증권신고서의 제출을 면제하는 방안이다. 또 다른 하나는 전자단기사채를 공모사채로 도입하되 증권신고서의 제출대상에서 제외하는 방안이다.

우선, 전자단기사채를 사모사채로 도입하여 증권신고서의 제출을 면제하는 방안에 대하여 살펴보자. 현행 기업어음의 경우에는 액면분할이 불가능하다. 따라서 발행 당시의 권면의 매수가 50매 미만인 경우에는 증권신고서의 제출이 면제되는 사모에 해당하게 된다.[177]

---

176) 자본시장법 제119조.

177) 자본시장법 시행령 제11조 제2항, 증권의 발행 및 공시 등에 관한 규정 제2-2

그러나 전자단기사채의 경우에는 실물증권이 발행되지 않기 때문에 이를 대체할 전매 가능성 기준을 마련할 필요가 있다. 예컨대, 전자등록방식으로 도입되는 전자단기사채의 경우에는 총 발행금액 중 최소분할가능금액의 비율(1/50)이나 전자단기사채투자자의 계좌 수 등을 기준으로 50인 이하인 경우에는 사모로 판단하여 신고서 제출을 면제할 수 있을 것이다.[178]

그다음으로 공모사채형태로 전자단기사채를 도입하되 증권신고서의 제출을 면제하는 방안에 대하여 살펴보자. 자본시장법에서는 국채, 지방채, 대통령령이 정하는 법률에 따라 직접 설립된 법인이 발행한 채권, 그 밖에 다른 법률에 따라 충분한 공시가 되고 있어 투자자보호가 이루어지는 증권에 대하여는 증권신고서 제출을 면제하고 있다.[179] 이에 따라 다른 법에서 충분한 공시가 있어 투자자보호가 이루어지는 증권에 전자단기사채가 포함될 수 있도록 자본시장법 시행령 제119조 제2항을 개정하여 증권신고서 제출을 면제할 수도 있을 것이다.

그런데 이 경우에는 전자단기사채에 대한 충분한 공시를 어떻게 확보하느냐가 관건이다. 전자등록방식으로 발행되는 전자단기사채의 특성상 등록기관이 이에 대한 충분한 공시를 할 수 있어 큰 문제는 되지 않을 것으로 보인다. 외국의 사례를 보더라도 미국의 경우 Note나 약속어음 등의 채무증서는 단기거래를 위해 발행되고, 그 간

조 제1항 제2호.

178) 일본의 경우에는 ① 최초의 인수금액을 일괄하여 양도하는 것 이외의 양도금지(일괄양도한정사모), ② 대체계좌수를 기준으로 50계좌 미만이며, 단기사채를 각 사채의 금액 미만으로 분할할 수 없을 것(분할제한사모), ③ 적격기관투자자에 한하여 단기사채투자허용(프로사모)의 방법으로 단기사채를 사모사채로 도입하였다.

179) 자본시장법 제118조.

기가 9개월을 넘지 않는 것에 대하여는 등록신고서의 제출을 면제하고 있다.[180] 그 외 프랑스·독일·영국 등의 경우에도 1년 미만 만기의 기업어음에 대하여 증권신고서의 제출을 면제하고 있다. 우리와 유사한 단기사채제도를 운용하고 있는 일본의 경우에는 공모 시 증권신고서를 제출하는 것이 원칙이다. 그러나 이 경우에도 발행등록제도(일괄신고제도와 유사)를 이용할 수 있다.

살피건대, 공모사채형태로 전자단기사채를 도입하되 증권신고서의 제출을 면제하는 방안에 대하여는 ① 증권신고서 적용대상 확대를 통한 투자자보호라는 최근의 입법추세에 역행하고,[181] ② 최소단위 금액설정(1억 원)만으로는 전문투자자에만 시장진입을 허용했다고 상정하기 어려울 뿐 아니라, ③ 사채의 종류에 따라 증권신고서 적용 여부가 결정될 경우에는 전자단기사채발행인과 그 밖의 사채발행인 간 형평성을 해할 우려가 있다는 비판이 제기될 수 있다. 그러나 공모단기사채에 대하여 증권신고서의 제출을 면제하지 않는 경우에는 기업어음제도의 문제점 해결을 위해 도입하는 전자단기사채제도의 도입 자체가 무의미해질 수 있다. 따라서 기업의 단기자금조달의 신속성·편의성을 제고하고 전자단기사채제도의 조기정착을 위해서는 증권신고서의 제출을 면제하거나 대폭 완화하는 것이 전자단기사채제도의 도입취지에 부합한다고 본다.

---

180) 1933년 증권법 §3(a)(3).

181) 자본시장법은 (舊)증권거래법에 비하여 증권신고서 제출 면제대상을 축소하고 있다(자본시장법 시행령 제119조 제1항).

Q2. 전자단기사채에 대한 원천징수제도 적용 여부

현재 기업어음의 이자와 할인액에 대해서는 원천징수를 적용하고 있다. 그런데 이러한 기업어음에 대한 원천징수제도는 초단기 기업어음의 발행 및 유통상의 장애요인으로 작용하고 있다. 이런 측면에서 볼 때 단기자금운용의 고도화와 초단기물시장의 육성을 목표로 하는 전자단기사채에 대해서는 원천징수를 면제하는 것이 타당하다고 본다.

전자단기사채에 대하여 원천징수를 면제하는 방안으로는 다음과 같은 두 가지를 생각해 볼 수 있다 그 중 하나는 전자단기사채의 이자에 대해 원천징수의 적용을 면제하는 방안이다. 다른 하나는 전자단기사채의 이자 등에 대한 보유기간과세를 면제하여 그 이자 등에 대한 법인세는 최종보유자가 부담하도록 하는 방안(이자 등의 지급시 원천징수)이다.

전자의 방식을 채택하는 경우에는 해당 이자 등에 대하여 각 사업년도 소득에 대한 법인세로 납부하게 된다. 이에 비하여 후자의 방식을 채택하는 경우에는 원천징수 적용배제에 대한 부담을 회피하면서 전자단기사채의 우통활성화에 대한 제한요인은 최소화할 수 있다는 장점이 있다. 참고로 미국·영국·일본 등의 국가에서는 만기 1년 이내의 기업어음이나 단기사채에 대하여는 원천징수의 적용을 면제하고 있다.

Q3. 대체유동성공급제도(Back-up line of credit)의 도입 여부

　기업이 발행한 전자단기사채의 만기가 도래하는 경우 차환발행불가 등의 사유로 일시적으로 상환자금이 부족할 경우가 발생할 수 있다. 이 경우 상업은행과 같은 금융기관이 전자단기사채 상환자금의 일부 또는 전부를 대출하여 주는 대체유동성공급제도(Back-up line of credit)의 도입 여부를 신중히 검토할 필요가 있다고 본다. 이러한 대체유동성공급제도는 전자단기사채를 발행한 기업에 대하여 부족한 상환자금을 대출하여 주는 것이지 발행기업을 대신하여 상환하여 주는 것이 아니다. 따라서 대체유동성공급제도는 전자단기사채의 지급을 직접 보증하는 지급보증제도와는 구별된다. 또한, 긴급한 자금공여라는 점에서 평상시의 사용을 목적으로 하는 당좌대월과도 차이가 있다.

　이처럼 대체유동성공급은 기업 내부의 일시적인 유동성 부족에 대한 비상지원의 성격을 가진다. 따라서 해당 기업의 신용리스크와는 관계가 없으며 신용도를 보강하기 위한 것도 아니다. 그러나 외국의 사례를 볼 때 대체유동성공급의 설정이 없는 경우에는 통상 전자단기사채의 발행조건이 악화될 수 있다. 따라서 넓은 의미에서는 신용보강(credit enhancement)로 해석될 수도 있다. 이러한 대체유동성공급제도는 미국과 영국에서 주로 활용되고 있다. 그런데 이는 기업어음의 신용 및 유동성리스크 보강차원에서 신용평가사들의 요구에 의한 것이지 법적인 강행규정에 의한 것은 아니라는 점을 유의할 필요가 있다. 우리나라에서 최근 많이 행해지고 있는 ABCP구조의 기업어음매입보장약정이 이와 유사한 형태를 띠고는 있다. 그러나 미국에서와 같은 형태의 대체유동성공급은 이루어지지 않고 있다.

이러한 대체유동성공급제도를 도입하는 방안으로는 신용평가의 필수의무사항으로 강제하는 방법과 기업에 동 제도의 채택 여부를 같기는 방법이 있다. 미국의 경우에는 기업어음 발행 시 대체유동성공급의 설정이 의무요건이 아니다. 그럼에도 불구하고 대체유동성공급제도가 기업어음신용평가의 핵심을 이루는 유동성리스크 분석의 필수평가항목에 포함되어 있다. 이에 따라 발행기업이 상대적으로 높은 신용등급을 획득하기 위해 대체유동성공급 설정이 상당히 일반화되어 있다.

살펴건대, 원칙적으로 우리나라에서도 대체유동성공급제도의 도입은 필요하다고 생각한다. 다만, 전자단기사채발행의 의무요건으로 지정하는 것 보다는 외국과 같이 전자단기사채의 이용목적에 비추어 개개의 기업이 판단하는 것이 바람직하다고 본다.

Q4. 전자단기사채에 대한 신용평가의 방법

현행 기업어음에 대한 평가는 회사채신용평가와 그 방식 및 평가요소에 있어 매우 유사하다. 따라서 기업어음 그 자체에 대한 평가라기보다는 기업에 대한 신용평가라는 성격이 강하다고 할 수 있다. 그러나 전자단기사채에 대한 신용평가는 발행잔액한도관리제도(Program Amount)하에서 이루어지는 전자단기사채에 대한 평가라는 점을 유의할 필요가 있다.182) 다시 말해서, 전자단기사채제도에서는 전자단기사채를 발행하는 기업이 이사회결의로 사전에 정하는 발행잔액한도가 신용등급부여의 대상이 된다. 따라서 발행잔액한도의 총액이 증가하는 경우에는 신용평가회사가 신용등급을 재검토하고 그 결과를 공표하게 된다. 참고로 외국의 사례를 보면 미국의 경우에는 대체유동성공급요건이 충족되지 않으면 신용평가회사는 신용등급을 평가하지 않는 경우도 있다.

이처럼 전자단기사채에 대한 신용평가는 발행잔액한도 내에서 발행되는 전자단기사채의 상환 가능성에 대한 평가이다. 아울러, 전자단기사채제도에 대한 신용평가방식은 개별적인 전자단기사채에 대한 신용평가가 아니라 발행잔액한도 전체에 대한 신용평가라고 할 수 있다. 그리고 이러한 전자단기사채의 신용평가항목에는 원칙적으로 발행잔액의 최대한도액과 대체유동성공급약정, 기업의 자금조달과 지출에 관한 사항 등이 포함될 필요가 있다. 그러나 규제당국이 이러한 요건들을 신용평가의 필수조건으로 강제하기보다는 신용평가회사가 자율적으로 결정하도록 하는 것이 바람직하다.

Q5. AB전자단기사채에 대한 정보공시

2010년 12월 말 현재 ABCP의 발행잔액은 약 40조 원에 달해 전체기업어음 발행잔액(약 73조 원)의 53%를 차지하고 있다. 이 중에서 자산유동화법에 따라 유동화전문회사가 발행하는 ABCP는 4.9%에 불과한 실정이다. 자산유동화법상 유동화전문회사가 발행하는

---

182) 전자단기사채 발행의 적시성을 확보하기 위해서는 전자단기사채의 발행 시마다 신용평가를 받는 것은 비현실적이다. 따라서 발행잔액한도를 설정할 때에 발행한도 전체에 대한 신용평가를 받는 것이 합리적이다.

ABCP의 경우에는 자산유동화계획을 금융위원회에 등록하도록 하고 있으며, 그 정보(유동화증권정보)가 공개된다. 이에 비하여 ABCP 발행잔액의 약 95%를 차지하고 있는 상법상 주식회사 및 유한회사가 발행하는 ABCP의 경우에는 유동화전문회사가 발행한 ABCP와 같은 정보의 등록 및 공개체계가 존재하지 않는다.

이에 따라 ABCP를 대체하는 AB전자단기사채에 대해서는 상법상의 주식회사나 유한회사가 발행하는 경우에도 자산유동화정보를 공개하도록 할 필요가 있다고 본다. 이 경우 자산유동화법상 유한회사에 의한 자산유동화만을 규제하는 현행 법률을 개정하여 모든 자산유동화에 적용하는 방식으로 전환하는 것이 가장 타당하다고 본다. 다만, 단기적으로는 AB전자단기사채의 발행등록 시 등록기관(한국예탁결제원)을 통해 유동화정보를 등록하여 공개하는 방안도 검토할 수 있다고 본다. 참고로 일본의 경우에 자산유동화(AB단기사채 포함)는 자산유동화법어 의해서만 이루어지도록 강제하고 있다.

Q6. 전자화·무권화된 전자단기사채의 공탁

현재 기업어음을 비롯한 실물증권의 공탁은 공탁자가 직접 해당 실물증권을 공탁소에 보관시켜야 한다. 물론 증권예탁결제제도에서는 증권중앙예탁기관(CSD)인 한국예탁결제원이 예탁자계좌부의 예탁잔량 범위 내에서 예탁사실을 증명하는 서면인 예탁증명서를 발행한다. 그리고 이를 교부받은 자가 이 증명서를 가지고 보증금 및 공탁금을 대신 납부할 수 있는 제도가 있다. 그런데 이 제도는 기본적으로 실물증권을 전제로 하고 있고, 공탁제도 자체도 실물증권이 존재하는 것을 전제로 운용되고 있다. 따라서 이러한 기존 제도를 전자단기사채에 원용하는 것은 불가능하다.

이에 따라 법령 등에 따라 전자단기사채를 공탁하는 경우에는 공탁소가 등록기관에 공탁목적의 전용계좌를 개설하여 이를 관리하는 것이 필요하다. 이를 염두에 두고 전자단기사채법에서는 공탁절차를 대법원 규칙에 위임하고 있다. 따라서 대법원 공탁규칙에서 전자단기사채에 대한 공탁관련 절차조항을 신설하면 이러한 공탁문제는 해결될 것으로 보인다. 참고로 일본의 경우에도 대체사채의 공탁은 공탁자가 공탁소의 계좌로 대체를 신청하는 방식으로 이루어지고 있다.

허항진 ―――――――――――――――――――――――

한양대학교 법과대학 법학과 졸업(법학사)
한양대학교 법과대학원 석사과정 졸업(법학석사)
서울대학교 법과대학원 박사과정 졸업(법학박사)
국제증권청산결제전문가(ISMA-FCP)
아시아자본시장협의회(CMAA) 회원
증권법학회, 상사법학회, 비교사법학회, 기업법학회, 경영법률학회 회원
현) 건국대학교 법학전문대학원 겸임교수
　　　한국예탁결제원 금융인프라선진화추진단장

『국제증권시장의 법과 실무』(2009)
『アジア域內國際債市場創設構想: アジアボンド發行市場へのロ-ドマップ』(共著, 2007)
「국제적 증권거래의 결제에 관한 법적 연구」(서울대 박사학위 논문, 2007)
「국제적 증권거래의 준거법 결정원칙에 대한 고찰」(증권법연구, 2007)
「증권법 역외적용의 합리적 기준 및 범위에 관한 연구」(증권법연구, 2008)
「기업어음(CP)제도의 개편에 대한 입법론적 소고」(증권법연구, 2009)
「외국법을 준거법으로 발행한 포괄사채권(Global Certificate)의 사채권자와 사채권의 행사주체」
(상사판례연구, 2010)
「국제증권거래와 관련한 원천징수제도의 개선에 관한 고찰」(증권법연구, 2010) 외 다수

단기금융시장의 새로운 패러다임

전자단기사채제도의 이해

초 판 인 쇄 | 2011년 12월 5일
초 판 발 행 | 2011년 12월 5일

지 은 이 | 허항진
펴 낸 이 | 채종준
펴 낸 곳 | 한국학술정보㈜
주   소 | 경기도 파주시 문발동 파주출판문화정보산업단지 513-5
전   화 | 031) 908-3181(대표)
팩   스 | 031) 908-3189
홈 페 이 지 | http://ebook.kstudy.com
E-mail | 출판사업부 publish@kstudy.com
등   록 | 제일산-115호(2000. 6. 19)

ISBN   978-89-268-2844-1 93360 (Paper Book)
           978-89-268-2845-8 98360 (e-Book)